W0172582

Annemarie Pfeifer
Bring dein Leben zum Klingen

Annemarie Pfeifer

Bring dein Leben zum Klingen

Sensibilität als Stärke

BRUNNEN

VERLAG BASEL·GIESSEN

Bibliografische Information der Deutschen Bibliothek
Die Deutsche Bibliothek verzeichnet diese Publikation in der
Deutschen Nationalbibliografie; detaillierte bibliografische Daten
sind im Internet über http://dnb.ddb.de abrufbar.

Die Bibelstellen sind, soweit nicht anders angegeben, der
revidierten «Hoffnung für alle» entnommen.

© 2008 by Brunnen Verlag Basel

Umschlag: Spoon Design, Langgöns
Foto Umschlag: Shutterstock
Satz: Bertschi & Messmer AG, Basel
Druck: Konkordia, Bühl
Printed in Germany

ISBN 978-3-7655-1986-4

Inhalt

1

Stark sein und empfindsam bleiben

«Gott hat mir Sensibilität gegeben. Das sehe ich als eine Gabe an, denn auch in meinem Dienst ist sie mir eine große Hilfe, um bei anderen Menschen Nöte zu erkennen. Gleichzeitig ist Sensibilität aber auch mein größtes Problem, weil ich dadurch sehr leicht verletzt werde. Außerdem habe ich festgestellt, dass ich für Aufgaben mehr Kraft brauche als andere. Wie soll ich damit umgehen?»

S ensible Menschen sind wie Rosen: zart und strahlend, zerbrechlich und stachelig. Unter guten Bedingungen blühen sie auf, verbreiten ihren «speziellen Duft» und bringen das Leben zum Klingen. Feinfühlige Menschen bereichern unser Leben mit ihrer Kreativität, ihrem feinen Gespür für die leisen Töne und schaffen eine Art Gegenpol zur manchmal allzu kühlen Geschäftswelt, wo vor allem die Leistung zählt.

Das Leben von sensiblen Menschen ist realistisch betrachtet aber mit einer gewissen Bitterkeit gewürzt. Man hat so viele Begabungen, Einfühlungsvermögen und Kreativität, Vorstellungskraft und Phantasie, aber da ist auch diese Empfindsamkeit, die eine Beziehung zu zerstören droht. Zuletzt verliert alles seinen Glanz, und man kann sich an gar nichts mehr freuen. Oft vergleicht man sich dann mit den anderen, so viel Stärkeren und könnte glatt verzweifeln.

Doch was würde mit unserer Welt geschehen, wenn alle Menschen nur durchsetzungsfähig, dickhäutig oder leistungsorientiert wären? Die zarten Zwischentöne und die feinfühlige Beziehungsarbeit gingen verloren. Gott hat Sie als sensiblen Menschen mit ganz wichtigen Gaben ausgestattet. Freuen Sie sich bewusst daran!

Begabung und Verletzlichkeit sind oft wie siamesische Zwillinge, die nur gemeinsam existieren können. Diese Verbindung ermöglicht Sternstunden, bringt aber auch Enttäuschung und Schmerz.

Als feinfühliger Mensch wird man von all der Not in der Welt beinahe erdrückt. Man kann sich nicht hinter einem dicken Panzer verschanzen, an dem Probleme kaum spürbar abperlen. Auch kleine Bemerkungen dringen wie scharfe Nadelstiche in die verletzliche Seele. Die Grenze zwischen den Forderungen und Nöten der Außenwelt und dem eigenen Empfinden ist oft so zerbrechlich wie eine Eierschale. «Wie kann ich mich nur besser schützen?», fragt man sich in einer schwachen Stunde verzweifelt. Die Welt rund um uns herum ist nicht darauf ausgerichtet, feinfühlige Menschen aufzubauen. Im Gegenteil: Da fühlt man sich allzu oft erdrückt. Das muss aber nicht sein. Man kann lernen, sich gesund abzugrenzen, und man kann sich eine dickere Haut wachsen lassen.

Genie oder Mimose?

Sensible Menschen sind empfindlich gegenüber den Reizen aus der Umgebung. Alle fünf Sinne können davon betroffen sein.

- Gesichtssinn
- Tastsinn
- Geruchssinn

- Hörsinn
- Geschmackssinn

Gesichtssinn: Die Welt kann für empfindsame Menschen sehr bunt sein. Farben können intensive Assoziationen auslösen. Rot wird als bedrohlich erlebt, schwarz erinnert an den Tod, gelb kann Aggressionen auslösen. Farben drücken Stimmungen aus und haben eine intensive Aussagekraft.

Der große Künstler Vincent van Gogh verwirrte mit seinen gewagten Farbtönen seine Zeitgenossen. Bei ihm leuchtete der Himmel rosa oder knallgelb, in die Erde mischte er violett oder auch orange, die Gesichter gestaltete er erstaunlich farbig. So sahen die Landschaften und die Porträtierten in Wirklichkeit doch gar nicht aus! Kein Wunder, dass er zeit seines Lebens kein einziges Bild verkaufte. Erst viel später wurde sein Genie erkannt, und heute sind seine Werke unbezahlbare Schätze der Weltkultur. Der empfindsame Künstler hatte nicht nur Landschaften oder Porträts, sondern Stimmungen auf die Leinwand gebannt.

Empfindsame Menschen haben ein besonderes Geschick, Farben zu kombinieren und damit etwas auszudrücken.

- *Wie zeigt sich Ihr Sinn für Farben in Ihrer Umgebung?*
- *Wie können Sie Ihr Leben damit bereichern?*

Tastsinn: Viele Künstler kann man wohl zur Gruppe der Zartbesaiteten zählen. Durch die Gabe einer hochentwickelten Feinmotorik entstanden wunderschöne Kunstwerke. Doch die meisten von uns spielen nicht in der Liga von Michelangelo, Picasso oder Klimt. Trotzdem schlummern in uns allen Talente. Diese können sich ganz praktisch ausdrücken beim Gestalten von Tischdekorationen, beim Schmücken eines Saals oder beim Basteln einer individuellen Geschenkkarte.

Eine alleinstehende Frau erzählte mir, wie sie die Weihnachtskarten jeweils genau zur Persönlichkeit des Empfängers passend gestaltete. Abendelang saß sie dann bei weihnachtlicher Musik gemütlich im Wohnzimmer – faltete, klebte, malte und dichtete tiefsinnige Texte. Ob ihre Bekannten beim Öffnen des Couverts wohl ahnten, wie viel Liebe sie in dieses kleine Zeichen der Anteilnahme gelegt hatte?

Dieses intensive Sich-Mitteilen hatte aber auch Schattenseiten. Das Gestalten wurde langsam zur Last. Gerade weil sie sich solche Mühe gab, wurde es mit den Jahren zunehmend schwierig, immer neue originelle «Weihnachtskompositionen» zu erfinden.

Empfindsamkeit auf der körperlichen Ebene kann aber auch zu Missverständnissen führen. Ein kollegiales Schulterklopfen wird plötzlich als Bedrohung oder gar als sexuelle Belästigung verstanden. Vielleicht hat sich der Kollege aber gar nicht viel dabei gedacht …

- *Wie zeigt sich Ihre kreative Seite?*
- *Wie fördern Sie diese und geben ihr Raum in Ihrem Leben?*

Geruchssinn: «Ich kann diese Person nicht riechen», sagen wir manchmal in der Umgangssprache. Sensible

Menschen haben tatsächlich oft eine empfindsame Nase. Geruch kann sowohl positive als auch negative Empfindungen auslösen.

Wenn im Advent der würzige Duft von frisch gebackenen Weihnachtsplätzchen durch die Wohnung schwebt, fühlt man sich wie damals als kleines Kind: geborgen, freudig wartend auf das große Fest. Vielleicht war Weihnachten aber auch der schlimmste Tag im ganzen Jahr: Man musste absolut brav sein und der Verwandtschaft etwas vorspielen, oder die Familie hat ausgerechnet dann gestritten wie an keinem andern Tag. Kein Wunder, dass sich in diesem Fall beim Geruch von Weihnachtsgebäck eine schwere Last auf den Magen legt und man erbrechen könnte.

Gerüche können also auch negative Erfahrungen reaktivieren. Der Gestank von verbranntem Gummi kann den Schrecken eines Autounfalls hochschnellen lassen und der Geruch nach Desinfektionsmittel eine schmerzhafte Behandlung im Krankenhaus allzu deutlich ins Bewusstsein rücken.

Auf «Neudeutsch» nennt man das Flashback. Dies ist kein ungewöhnliches Erlebnis und deutet auch nicht darauf hin, dass Sie eine psychische Störung haben. Tief in unserem Innern sind all die guten und schlechten Erlebnisse wie auf einer Festplatte gespeichert. Ein Geruch, ein Bild oder auch ein Satz können eine direkte Leitung zu dieser Erinnerung öffnen, und plötzlich ist der alte Schmerz erneut mit voller Wucht da. Meist klingt das nach dem ersten Schrecken wieder ab. Man kann es auch bewusst ablegen. Doch letztlich kann man keine Erinnerung vollständig aus dem Gedächtnis streichen.

Alles bleibt ein Teil unseres Lebens, auch wenn es verarbeitet ist.

Manche Frauen wählen sogar ihren Mann nach seinem Körpergeruch aus. Ich kenne eine Frau, die manche Männer ganz einfach nicht riechen konnte. Schließlich traf sie einen netten jungen Herrn, dessen Geruch sie gleich anzog. Ein Jahr später waren die beiden verheiratet!

– *Haben Sie schon mal Entscheidungen nach dem Geruchssinn gefällt?*
– *Welche Erlebnisse wurden bei Ihnen durch den Geruchssinn reaktiviert?*

Wie ein rohes Ei

Hörsinn: Starke Geräusche können für Sensible zur Qual werden: Ein unerwarteter Knall führt zu einer Panikreaktion, das Kreischen einer Säge zu Kopfschmerzen, das Quengeln eines Kindes zu Migräne. Während das Leben mit seinen täglichen Pflichten schon genug abfordert, kann zusätzlicher Lärm genau jener Strohhalm sein, der das Kamel schließlich zu Fall bringt.

Bekannte von uns lebten einmal neben einem Bauernhof. Im Sommer wurde dort das Heu mit einem Gebläse noch vollständig getrocknet. Für die sensible Frau wirkte das gleichmäßige Surren des Motors wie ein schrilles Kreischen. Die Migräne-Anfälle wurden immer stärker, und sie hatte das Gefühl, dass ihr der Schädel platzen würde. Schließlich floh sie jeden Sommer für viele Wochen auf eine stille Alp, wo sie von keinem Geräusch geplagt wurde. Das Familienleben wurde dadurch empfindlich eingeschränkt.

Auch im übertragenen Sinn hören sensible Menschen das Gras wachsen. Sie spüren, wenn die Atmosphäre sich verändert, haben schnell das Gefühl, dass die andern gegen sie sind. Doch auch diese Eigenschaft hat ihre Vorzüge.

- *Haben Sie Erlebnisse, wo Ihre Intuition eine Hilfe war?*
- *Wie schützen Sie sich vor zu lauten Geräuschen?*

Geschmackssinn: Manche Menschen sind unkomplizierte Allesesser. Ob ein scharfes Currygericht, ein Fenchelauflauf oder eine Blutwurst, sie können einfach alles genießen. Da haben es Sensible schon schwerer: Das Essen scharfer Gerichte bezahlen sie mit Durchfall, der Geschmack von ungewohntem Gemüse verursacht Übelkeit, und Fleisch liegt schwer im Magen.

Auch im Bezug auf zwischenmenschliche Beziehungen haben Feinfühlige einen delikaten Geschmack. Sie spüren relativ schnell, wenn jemand nicht zu ihnen passt, und ziehen sich dann zurück. Im privaten Umfeld mag dies ein Vorteil sein, in der Geschäftswelt kann es die Arbeit erschweren, denn man muss mit allen Kollegen irgendwie klarkommen.

- *Wo sehen Sie Vorteile in der feinen Geschmacksempfindung?*
- *Wie können Sie dies einbringen?*

Verstimmungen: Konflikte hallen bei Feinfühligen oft lange nach und verunsichern sie bis ins Mark. Während die andere Person schon längst zur Tagesordnung übergegangen ist, arbeitet die Psyche beim Sensiblen auf Hochtouren. Das innere Gleichgewicht steht auf wackligen Füßen. Wie bei einem sehr fein eingestellten Seismografen wird jede kleine Erschütterung sofort registriert. Auch beiläufige Bemerkungen können eine innere Krise auslösen, denn das Selbstwertgefühl ist nicht besonders stark ausgeprägt.

Eine junge Mutter erzählte mir, dass sich hin und wieder eine Traurigkeit über sie legt wie ein grauer Nebel. Die leuchtenden Farben des Sommers verblassen, das fröhliche Plaudern des Kindes wird zum mühsamen Geräusch, leichte Hausarbeit zur drückenden Last. «Ich sehe dann meistens keinen direkten Auslöser für mein Schweregefühl. Mit der Zeit habe ich aber herausgefunden, dass es ganz einfach ein Anzeichen nachlassender Kräfte und beginnender Erschöpfung ist. Heute weiß ich, dass ich dann abends etwas früher ins Bett gehen und meinen Terminkalender ausdünnen muss. Wichtig ist auch, dass mein Ehemann und die Kinder wissen, dass ich nicht ihretwegen verstimmt bin, sondern ganz einfach meine Ruhe brauche. Ich gebe jeweils auch deutlich zu verstehen, dass nicht sie die Verantwortung für meine Gefühle tragen, sondern ich selbst. Ich muss mir also selbst Freiräume zur Erholung schaffen und mit meinen negativen Gefühlen klarkommen.»

Sie erzählte dann weiter, dass sie in solchen Phasen der Ermüdung schnell weine. Auch da bemühte sie sich, ihre Stimmung vom Verhalten der Kinder abzukoppeln: «Die Kinder sollen nicht denken, dass ich ihretwegen weine, denn das könnte als Manipulation verstanden werden. Meine Kinder sollen sich nicht richtig verhalten, weil Mama weint, sondern weil sie das Richtige vom Falschen unterscheiden können. Ich sage ihnen jeweils, dass ich weniger ertragen kann, weil ich müde bin. So übernehme ich die Verantwortung für mein Verhalten und lege sie nicht auf die Schultern der Kinder.»

Sensible Frauen haben vor der Menstruation manchmal eine besonders dünne Haut.

- *Wie geht es Ihnen in den Tagen vor der Monatsblutung?*
- *Wie können Sie sich in diesen Tagen entlasten?*
- *Wie können Sie sich eine Freude machen?*

Reizüberflutung: Sensiblen Menschen fehlt die gesunde Abgrenzung gegenüber den zahlreichen Reizen, die von außen auf sie eindringen. Sie empfinden sich oft als ein rohes Ei ohne Schale. Alles dringt wenig gefiltert bis in ihre Tiefen. Ein romantischer Film rührt sie zu Tränen, ein goldener Sonnenuntergang erwärmt sie bis in die tiefste Seele, Musik lässt den ganzen Körper klingen.

Auch die Lebensgeschichten von andern Menschen werden intensiv miterlebt. Die sensible Person leidet manchmal mehr als der Betroffene selbst.

So kann diese dünne Haut zu einer seelischen Überreizung führen. Das psychische Fassungsvermögen ist ausgereizt, und die innere Ordnung bricht zusammen. Eine Frau beschreibt das so: «Wenn ich zu viel auf einmal denken muss, dann merke ich richtig, wie mein Kopf sich auffüllt und wie Druck entsteht. Ich habe dann das Gefühl, dass mein Kopf auseinanderbricht. Dann kann ich gar nichts mehr aufnehmen.»

Die feinfühlige Verarbeitung von Reizen auf allen Ebenen macht sensible Menschen sehr anfällig für Verletzungen. Sie empfinden alles sehr, sehr intensiv: Ein Lob kann zu einem euphorischen Hochgefühl führen und eine kleine Kritik wie ein Hornissenstich brennen.

- *Welche äußeren Reize verunsichern Sie besonders stark?*
- *Wie schützen Sie sich vor dem, was auf Sie einprasselt?*

Die Verarbeitung der zahlreichen Eindrücke und Erlebnisse frisst eine große Menge von Energie. Es erstaunt deshalb nicht, wenn es feinfühligen Menschen schwerfällt, gleichzeitig verschiedene Aufgaben zu erfüllen. Wenn sie aber etwas machen, tun sie es von ganzem Herzen und mit all ihren Gaben.

Ist Sensibilität eine Krankheit?

All diese Eigenschaften sind noch lange kein Hinweis auf eine psychische Erkrankung. Sensible Menschen bewegen sich in der Bandbreite des Normalen, allerdings neigt der Zeiger zu hoher Empfindsamkeit und könnte bei viel Belastung und Stress in Richtung Störung ausschlagen. Einen großen Teil des Lebens können sie die Lasten des Alltags einigermaßen bewältigen, wenn sie vorsichtig mit sich umgehen.

Eine Mutter von drei Kindern erlebte dies so: «Seit zehn Jahren sorge ich daheim für meine drei Kinder und pflege auch das geräumige Haus und den großen Garten selber. Das ging bis vor Kurzem ohne nennenswerte Probleme. Hin und wieder hatte ich melancholische Zeiten, aber ich kam immer wieder alleine auf die Füße. Doch nun haben wir neue, sehr anspruchsvolle Nachbarn bekommen, mein Mann ist befördert worden und jetzt deutlich gestresster. Zu guter Letzt kam mein ältester Sohn betrunken von einer Klassenfahrt nach Hause. Das war zu viel auf einmal. Plötzlich verspürte ich tief innen einen Druck, ich begann zu schwitzen, und das Engegefühl erfasste meinen ganzen Körper. Ich zitterte, mein Herz klopfte wild, und ich bekam kaum noch Luft. Das war ein grässliches Gefühl, als ich die Kontrolle über meinen Körper verlor.»

Diese Geschichte ist so typisch: Unter zusätzlichem Druck können sich leichte Verstimmungen zu einer Depression ausweiten oder leichte Ängste zu einer Angstattacke auswachsen. Wann Sensibilität zur Krankheit wird, entscheidet schließlich das subjektive Empfinden. Sind Arbeitsfähigkeit, Genussfähigkeit und Beziehungsfähigkeit deutlich eingeschränkt, spricht man von einer psychischen Störung.

Durch das intensive Zusammenspiel von Körper und Seele können sich die inneren Spannungen auch mit körperlichen Symptomen bemerkbar machen. Magenbeschwerden, Spannungskopfschmerzen oder Rückenprobleme werden zur körperlich fühlbaren Sprache der Seele. Nicht umsonst spricht man im Volksmund von «einem Kloß im Hals» oder «einem Stein im Magen», oder man findet etwas «zum Kotzen» oder hat ganz einfach «Schiss».

Ein Besuch beim Arzt wird trotz aufwändiger Diagnosetechniken zum Frust. Trotz Darmspiegelung, EEG und CT gibt es keinen richtigen Befund, und das Ganze wird mit dem Etikett «psychisch» versehen.

Sensible Menschen neigen eher zur Erschöpfung. Sie brauchen mehr Kraft, um normale Aufgaben zu bewältigen, und investieren mehr Energie zum Pflegen von Beziehungen. Jeder Konflikt und jede zusätzliche Aufregung wird zum Kraftakt.

- *Wo kenne ich in meinem Leben den Zusammenhang zwischen Körper und Seele?*
- *Welche meiner Körperorgane reagieren unter Stress?*
- *Was will mir mein Körper sagen?*
- *Wie reagiere ich auf die Signale meines Körpers?*

Sich schützen und sich Gutes tun

Ein sensibler Mensch muss sich deshalb ganz bewusst eine Schutzschicht aufbauen. Die folgenden Punkte können Ihnen dabei eine Hilfe sein.

a) Die schwache Seite als Teil des Lebens akzeptieren

Sensible Menschen empfinden Licht und Schatten besonders intensiv. Alles, was von außen auf sie einstürmt, dringt sehr tief in sie ein und kann sie entsprechend verletzen oder aus dem Gleichgewicht bringen. Dieses starke Erleben ist sehr anstrengend, und so sind Erschöpfungszustände häufiger. Sensible Frauen sind auf der Ebene des Gefühls Schwerarbeiterinnen und brauchen deshalb mehr Erholungszeiten als andere. Das ist weder ein Zeichen der Schwäche oder gar Sünde, sondern ganz einfach eine andere Art der Verarbeitung. Es bringt deshalb nichts, gegen diese Schwäche anzukämpfen oder sich gar selbst zu verurteilen, weil man nicht wie andere scheinbar mühelos alles schafft. Jeder Mensch hat seinen eigenen Lebensrhythmus, seine eigenen Kraftreserven, seine speziellen Empfindlichkeiten. Wir fahren am besten, wenn wir uns selbst kennen und wissen, wo unsere Stärken und Schwächen liegen, und clever damit umgehen.

Dabei müssen wir nicht auf das schielen, was wir *nicht* haben, sondern können uns an dem freuen, was Gott uns geschenkt hat. Niemand verlangt das Unmögliche von uns. Aber wir sollen mit den Gaben haushalten, die Gott uns geschenkt hat.

Eine Checkliste:

- *Welche Stärken kann ich einbringen?*
- *Wo muss ich mich schützen?*
- *Was tut mir gut?*

b) Sich an den Stärken freuen

Die Schätze der Empfindsamen sind oft verborgen. Wie Edelsteine glänzen diese Menschen in der grauen Last des Alltags. Dabei werden sie oft verkannt, weil sie nicht zuoberst auf der Hitliste der Erfolgreichen stehen. Stärken haben immer auch eine Schattenseite. Die erhöhte Empfindsamkeit ist manchmal mühsam. Richtig eingesetzt, kann sie aber eine ganz wichtige Ergänzung zu unserer auf Leistung ausgerichteten Gesellschaft sein.

Jesus stellte mit seinen Gleichnissen oftmals die Wertvorstellungen seiner Zeitgenossen auf den Kopf. Einmal erzählte er seinen Zuhörerinnen und Zuhörern von einem Geschäftsmann, der auf eine Reise ging. Er rief seine Mitarbeiter zusammen und setzte sie als seine Stellvertreter ein. Dem einen vertraute er, in der damaligen Währung ausgedrückt, fünf Zentner Silbergeld an, dem nächsten zwei und seinem dritten Mitarbeiter nur einen Zentner. Ist das nicht ungerecht?

Lange hörten die Mitarbeiter nichts mehr von ihrem Chef. Es kamen keine Instruktionen und (um es mit modernen Worten zu sagen) auch keine Mails. Zwei der Kollegen investierten das Geld und zogen neue Geschäfte auf. Sie wagten auch mal etwas Neues und setzten ihre ganze Kraft ein. Der dritte Mitarbeiter war unsicher und wollte nichts riskieren, um ja nichts Falsches zu machen. So vergrub er die Münzen in seinem Garten und vergaß die ganze Sache.

Plötzlich erschien der Chef unerwartet im Büro und rief seine Mitarbeiter zu sich. Die ersten zwei kamen strahlend aus der Besprechung heraus. Der Chef war sehr zufrieden mit ihnen und belohnte sie entsprechend ihrer Leistung. Sie hatten das Geld weise investiert und konnten nun den doppelten Betrag vorweisen. Der dritte Mann aber erhielt den Rüffel seines Lebens. Sein gerechter Meister hatte von ihm nicht dieselbe Leistung gefordert wie von den andern beiden. Aber wenigstens hätte er das Geld zinsbringend anlegen und so einen minimalen Einsatz leisten können. (Siehe Matthäus 25,14–30.)

Was können wir aus dieser Geschichte lernen? Der himmlische Vater beschenkt jeden Menschen mit unterschiedlichen Talenten. Diese Tatsache können wir nicht verhandeln, sondern wir müssen sie als gegeben annehmen. Aber er fordert auch nicht von jedem die gleiche Leistung. Er will nur eines: Wir sollen unsere Talente sinnvoll einsetzen.

Dabei müssen wir unser Licht nicht unter einen Scheffel stellen. Unter dem Deckmantel von Demut oder auch eines falschen Minderwertigkeitgefühls werden die eigenen Begabungen weggewischt mit Bemerkungen wie: «Das ist nicht der Rede wert. Das ist nichts Besonderes.» Und so weiter. Jesus achtete auch jene Witwe, die ihren letzten Groschen in den Opferstock warf. Jede Begabung, die uns Gott geschenkt hat, ist wertvoll und bringt das Leben zum Klingen. Geben Sie all dem Guten in Ihrem Leben Raum.

Letztendlich kommt es nicht darauf an, ob wir eher verstandesmäßig, handwerklich, künstlerisch oder sozial begabt sind. Wichtig ist auch nicht so sehr, ob wir Dickhäuter oder Mimosen sind. Die Frage heißt: Wie gehe ich mit den Begabungen um, die mir anvertraut wurden?

2

Verletzt
und dennoch stark

«Ich habe in der Vergangenheit tiefe
Verletzungen erlitten von Menschen, mit denen
ich zusammenarbeitete. Das habe ich vergeben.
Jetzt werde ich denjenigen erneut begegnen.
Könnten Sie mir sagen, wie ich mich davor
schützen kann, dass alte Wunden wieder
aufbrechen und mir auch keine neuen Wunden
mehr geschlagen werden? Wie kann ich
vorsorgen, dass ich an einem neuen Arbeitsort
nicht wieder in die Rolle des Opfers gedrückt
und ausgenutzt werde?»

*I*n jedem Mensch steckt der Wunsch, innerlich ganz heil zu sein und von den anderen liebevoll und verständnisvoll behandelt zu werden. Doch die Realität ist leider eine andere. In den Beratungsstunden berichten mir viele Klientinnen von den Verletzungen, die sie hinnehmen müssen. Der Chef zeigt kaum Verständnis und kritisiert die Arbeit, Ehemänner übergehen die Wünsche und Bedürfnisse ihrer Frauen, Schwiegereltern lassen die junge Frau spüren, dass sie angeblich die Falsche für den Sohn ist, Kinder kümmern sich zu wenig um ihre betagten Eltern, obwohl diese auf so vieles verzichtet haben …

Hin und wieder stelle ich dann mitten ins Klagelied hinein eine provokative Frage: «Wissen Sie, dass Sie selber mitbestimmen, ob Sie sich verletzen lassen wollen?» Meist ernte ich dann erstaunte bis ärgerliche Reaktionen. Doch letztlich liegt hier tatsächlich das Geheimnis des Umgangs mit Verletzungen. Bis zu einem gewissen Grad können wir uns selbst vor Verletzungen schützen.

Verletzungen gehören zum Leben

Jeder Mensch hat seine eigenen empfindsamen Seiten und wird deshalb auch an seinem persönlichen wunden Punkt verletzt. Während die eine Person Kritik sehr gut vertragen kann und dadurch sogar angespornt wird, kann eine empfindsame Person dadurch total zerstört werden. Jemand, der gerne im Mittelpunkt steht, wird verletzt reagieren, wenn man ihn übergeht und auf die Seite schiebt. Genau umgekehrt empfindet eine pflichtbewusste, scheue Person, die es peinlich berührt, wenn sie öffentlich erwähnt wird. Wir sind alle sehr verschieden, und deshalb können Konflikte und Verletzungen nicht ausbleiben.

Auch in einer christlichen Gemeinschaft kann man verletzt werden, denn die Erwartungen aneinander sind sehr hoch. Eine krebskranke Frau erzählte mir ihre Erfahrungen so: «Als es bekannt wurde, dass ich an Brustkrebs leide, durfte ich in meiner Kirchengemeinde viel Ermutigendes erleben. Meine Freundinnen brachten mir Mahlzeiten, wenn ich durch die Chemotherapie geschwächt war, oder sie putzten mir die Wohnung. Dafür bin ich sehr dankbar. Doch es gab auch andere Stimmen. So wurde ich aufgefordert, mehr zu beten und zu glauben, dann würde ich bestimmt gesund werden. Es tat weh, herauszuspüren, dass sie meine Krankheit als Unglauben einstuften ...»

Oftmals fällt es den Menschen um uns herum gar nicht auf, dass sie jemanden verletzen, weil sie selbst eine andere schwache Seite haben als ihr Gegenüber. Vielleicht ist auch der vermeintlich Starke verletzt und reagiert entsprechend feindselig, wenn er sich bedroht fühlt. Manche leben ganz einfach ihr Leben, erfüllen ihre eigenen Bedürfnisse und trampeln ungeniert wie ein Elefant durch das seelische Porzellan der andern. Verletzungen gehören deshalb zur harten Realität des Lebens.

Im Verarbeiten einer verletzenden Situation ist es deshalb wichtig, dass wir uns klar werden, was genau uns verletzt hat.

- *War es der Ton, in dem etwas gesagt wurde?*
- *Berührte die Bemerkung einen wunden Punkt, an dem ich innerlich leide?*
- *Erinnert mich das Verhalten der verletzenden Person an eine schlechte Erfahrung von früher?*
- *Werde ich in eine Position der Ohnmacht gedrängt?*
- *Bin ich von der verletzenden Person abhängig?*
- *Bin ich in einer Gruppe das Opfer?*

Leider ist es oft so, dass sich die verletzenden Situationen in Variationen wiederholen. In jeder Gruppe wird man über kurz oder lang in die Position des Opfers, der Außenseiterin, der Zudienenden, der Ausgenutzten usw. gedrängt. Man nimmt sich zwar fest vor, dass es nicht mehr passieren sollte, doch man reagiert wie ferngesteuert. Erst wenn wir das darunter liegende Muster kennen, können wir Strategien entwickeln, wie wir eine Situation besser meistern können. Wir können die Menschen um uns herum nicht verändern, aber wir können uns Hornhaut wachsen lassen, damit uns die Bemerkungen oder Handlungsweisen der anderen nicht mehr so stark erschüttern.

Gefangen in der Hackordnung

In menschlichen Gruppen geht es hin und wieder zu wie auf einem Hühnerhof. Ohne dass es ausgesprochen wird, hat jedes «Huhn» eine klare Rolle. Da stolziert der stattliche Hahn, nach dessen Pfeife alle tanzen. Die fleißigen Legehühner sind besonders beliebt, denn sie erleichtern den andern das Leben. Dann gibt es jene, die sich sofort ins Gemenge stürzen, wenn es etwas zu picken gibt. – Und da ist auch das verschüchterte Küken, das rücksichtslos zur Seite geschoben wird. Eben – das Opfer in der menschlichen Hierarchie. Die Stellung, die man in einer Gruppe einnimmt, zieht sich durch das ganze Leben. So nach dem Motto: einmal verschüchtert – immer verschüchtert.

Schon in der Ursprungsfamilie hat man nur noch die Brosamen der Geschwister auflesen können, weil diese immer viel schneller und geschickter waren. In der Schule ging es in derselben Tonart weiter. Vor allem sensible und verträumte Kinder gerieten hier nur zu schnell unter die Räder. Auch in der Berufswelt scheinen es die andern zu riechen, ob jemand ein «Opfertyp» ist. Anscheinend sendet man unbewusst Signale aus, die den andern signalisieren, dass man auf einem herumtrampeln darf. Ein niedergeschlagener Blick, das unbewusste Zurücknehmen des Körpers, widerspruchslos hingenommene Bemerkungen ermutigen das Gegenüber, dass es ohne Gefahr Grenzen überschreiten und angreifen kann.

Auch in der eigenen Familie drehen sich die Räder des vertrauten Musters munter weiter. Da kann es vorkommen, dass eine Mutter den Jähzornattacken des dreijährigen Knirpses hilflos gegenübersteht und zum Opfer wird.

In der Therapie lasse ich oft die Ursprungsfamilie zeichnen und lasse mir erklären, welche Rolle jedes Familienglied gespielt hat. Meistens passt alles perfekt zusammen. Sie finden den heimlichen Herrscher, die Rebellin, das verbindende Glied und auch das Opfer. Mit großer Wahrscheinlichkeit spielt man die erlernte Rolle während seines ganzen Lebens.

- *Welche Rolle haben Sie in Ihrer Ursprungsfamilie übernommen?*
- *Haben Sie sich dabei wohlgefühlt?*
- *Welche Rolle würden Sie gerne übernehmen?*
- *Was müssten Sie an Ihrem Verhalten verändern?*
- *Welche Rolle übernehmen Sie in Ihrem Arbeitsteam?*

Meistens ist es nicht einfach, eine neue Rolle einzuüben. Sehr schnell wird man von alten Reflexen in die vertraute Schablone gedrängt. Wie im Theater kann es hilfreich sein, wenn man den neuen Text für die ungewohnte Rolle einstudiert.

Was sagen Sie beispielsweise, wenn Sie jemand an jene schlimmen Zeiten am Arbeitsplatz erinnert? Lassen Sie sich nichts anmerken? Machen Sie eine abwertende Bemerkung über jemand anders? (Auch das ist eine Möglichkeit, nicht selbst das Opfer zu sein.) Reden Sie über die positiven Seiten und über das, was Sie gelernt haben? Drehen Sie die Frage um und fragen das Gegenüber, was es damals empfunden hat? Ihre

Reaktion wird mitbestimmend sein über den Platz, den Sie heute in der Gruppe einnehmen. Sie haben also einen gewissen Spielraum, wie Sie sich in der Gruppe platzieren möchten.

Es gibt noch weitere Methoden, wie man sich einen guten Platz sichern kann. Suchen Sie sich eine verbündete Person und halten Sie sich an sie. Gemeinsam ist alles nur halb so schlimm.

Stellen Sie also Weichen, damit Sie nicht an den alten Platz in der Hackordnung gedrängt werden. Opfer sein ist eine Rolle, die man ablegen kann.

Verletzungen sind ein Spiegel der Seele

«Früher hat es mich verletzt, wenn mich jemand fragte, warum wir nur ein Kind haben. Eigenartig, jetzt macht mir das nichts mehr aus.» Das bemerkte letzthin eine Klientin nachdenklich. Frau L. gehört zur Gruppe von berufstätigen Müttern, die aus verschiedenen Gründen erst Ende dreißig Mutter werden und rasch wieder in den Arbeitsprozess einsteigen. Mehrere Jahre fühlte sie sich hin und her gerissen: Sie war zwar berufstätig, aber im Kreis der Mütter fühlte sie sich deplatziert und nicht verstanden. Wenn jemand wagte, sie zu fragen, ob noch weitere Kinder geplant seien, fühlte sie sich angegriffen und unter Druck gesetzt. Sie wollte nicht erklären, dass sie den Kinderwunsch aufgeschoben hatte, weil die Ehe anfänglich ziemlich konfliktbeladen war, und sie wagte auch nicht zu erzählen, dass sie auch das eine Kind manchmal an die Grenzen der Belastbarkeit brachte. Eigentlich fühlte sie sich im geordneten Umfeld des Arbeitsplatzes wohler als daheim im munteren Durcheinander eines Haushalts mit einem normalen lebendigen Kleinkind. Aber dies wagte sie schon gar nicht zu gestehen.

Doch was war der wirkliche Grund ihrer Verletzlichkeit an diesem Punkt? Die Frage nach weiteren Kindern traf ihre eigene wunde Stelle. Sie schlug nicht eine neue Wunde, sondern wirkte wie Salz in einer bereits vorhandenen Verletzung. Tief innen hinterfragte sie nämlich ihre Lebensplanung und fühlte sich mitschuldig, dass ihre biologische Uhr bereits weit vorgerückt war und sie ihrer Tochter kein Geschwisterchen mehr schenken konnte. Im Rückblick erschienen die vergangenen Differenzen mit ihrem Mann plötzlich kleiner und überwindbarer. Hatte sie damals falsche Schwerpunkte gesetzt? Jede Frage von außen verstärkte diese Schuldgefühle und wurde von ihr als Kritik empfunden. Tief innen verurteilte sie sich für ihre Entscheidungen und richtete diese Wut dann auf die unangenehmen Fragesteller. (Diese hatten natürlich keine Ahnung, was sie mit ihrer wohlgemeinten Anteilnahme anrichteten.)

In der Therapie stellte sie sich dann ihren eigenen Zweifeln und ging ihren Lebensweg Schritt für Schritt gedanklich nochmals durch. Es stellte sich auch im Rückblick heraus, dass sie jeweils alles sorgfältig abgewogen und auch mit ihrem Mann abgestimmt hatte. In der Folge fällte sie bewusst den Entscheid, dass sie sich mit ihrer Vergangenheit versöhnen wollte. «Was will ich mich grämen um Dinge, die ich nicht mehr ändern kann? Ich möchte mich bewusst freuen an diesem einen gesunden und fröhlichen Sonnenschein», sagte sie mir viel entspannter.

Nach diesem inneren Ringen fühlte sie sich befreit. Plötzlich genoss sie die Gespräche mit andern Müttern und merkte, dass es auch noch andere Einzelkinder gibt. So konnte sie ihre speziellen Fragen und Erfahrungen in einer Mutter-Kind-Gruppe einbringen und den Horizont der Vollzeitmütter erweitern.

Nachdem sie viel beigetragen hatte, um ihre innere Wunde zu heilen, fühlte sie sich auch nicht mehr verletzlich auf diesem Gebiet. Es fiel ihr wie Schuppen von den Augen, dass sie selbst zu einem gewissen Grad verantwortlich war, ob sie sich von einer Bemerkung verletzen oder ob sie die Worte wie Wasser von sich abperlen ließ.

- *Wo haben Sie Ihre wunden Punkte?*
- *Was können Sie tun, um diese zu verarbeiten?*
- *Was tut Ihnen gut?*
- *Mit was sollten Sie sich in Ihrer Vergangenheit versöhnen?*

Wenn mich eine Bemerkung übermäßig trifft, hat dies oft mehr mit einem ungelösten Problem zu tun, das in mir schlummert, als mit der Person, die es anspricht. Letztlich haben wir es in der Hand, wie wir mit Aussagen von andern Menschen umgehen: Nehmen wir es persönlich? Lassen wir uns verunsichern? Lassen wir es abperlen? Oder lösen wir das angesprochene Problem? Wir bestimmen bis zu einem bestimmten Grad selbst, wie wir Bemerkungen oder Blicke werten: Ob wir sie als Chance zum Wachstum nutzen, ob wir sie beiseiteschieben oder ob wir sie tief in uns eindringen lassen.

Gedanken beeinflussen die Gefühle

Unsere Gefühle – auch das Gefühl des Verletztseins – werden stark beeinflusst von unseren Gedanken und Erwartungen. So fühlen sich Menschen, die keine hohe Meinung von sich selbst haben, schneller verletzt als jene, die vor Selbstbewusstsein strotzen. Das eigene schwache Selbstvertrauen verstärkt die negativen Äußerungen, die von außen kommen. Zuletzt glaubt man das, was die andern zu bemängeln haben.

Manchmal schätzt man sich selbst so niedrig ein, dass man harmlos gemeinte Bemerkungen von außen allzu stark auf sich bezieht. Die junge Mutter mit dem Einzelkind bemerkte erst im Rückblick, dass sie die Kommentare ihrer Bekannten falsch gedeutet hatte. Sie fasste die Frage nach einem weiteren Kind jeweils als Kritik auf und reagierte entsprechend gereizt darauf. Heute wertet sie persönliche Fragen neutral und freut sich über das Interesse des Gegenübers. Sie können sich bestimmt vorstellen, dass daraus viel nettere Gespräche entstehen.

Unsere eigene Einstellung beeinflusst also sehr stark die Reaktionen, die wir auslösen. Welche Person geht zu dem schwierigen Treffen mit den ehemaligen Arbeitskolleginnen und -kollegen? Das Opfer, das dort unter die Räder gekommen ist, oder eine gereifte Person, die durch das Vergeben über den Querelen jener Zeit steht? Wenn Sie sich selbst als wertvolle Person sehen, werden Ihnen die Stiche von außen nicht so wehtun.

Rufen Sie sich also in der Vorbereitung auf ein schwieriges Treffen Ihre positiven Eigenschaften in Erinnerung.

- *Was können Sie gut?*
- *Was bringen Sie Positives in ein Team ein?*
- *Was für Schwächen haben die Kollegen, die eben auch nur mit Wasser kochen?*
- *Was für erfreuliche Erlebnisse haben Sie gemacht? Wo gab es etwas zum Lachen?*
- *Wer könnte Ihre Verbündete sein?*

Packen Sie sich in eine dicke Schicht von positiven Erinnerungen, und freuen Sie sich an Ihren eigenen guten Eigenschaften und Gaben. Treten Sie den anderen als eine Person gegenüber, die weiß, dass sie sehr wertvoll ist und viele gute Eigenschaften hat. Ihre positive Meinung von sich selbst wird sich auch auf die anderen übertragen. Umhüllen Sie sich mit einer dicken Schicht von Dankbarkeit über die Begabungen, die Gott Ihnen geschenkt hat. Dann werden kritische Blicke oder abfällige Bemerkungen nicht in Ihr Innerstes vordringen können.

Erwartungen überprüfen

Unsere Gefühle sind auch ein Spiegel der Erwartungen, die wir an andere stellen. Oft wünschen wir uns, dass unsere Umgebung gleich mit uns umgeht, wie wir das tun würden. Feinfühlige Menschen, die auf andere Rücksicht nehmen, anderen mit Respekt und Achtung begegnen, andere nicht kritisieren und sie niemals in ihrem Freiraum begrenzen würden, erwarten unbewusst dasselbe in einer Beziehung. Sensible können beinahe Gedanken lesen und spüren, wie es den andern geht. Verständlich, dass sie das auch von den anderen erwarten.

Enttäuschungen sind dementsprechend vorprogrammiert, weil andere ganz anders ticken.

Am besten fährt man wohl, wenn man wenig von den andern erwartet. Alles, was über diesem Minimum liegt, empfindet man dann als Geschenk. Besonders wichtig ist, dass Sie Ihre Bedenken, Ansprüche und Wünsche sachlich einbringen. Das kann nicht jeder so spontan und unvorbereitet hinkriegen. Ein Gespräch mit einer Freundin kann Klärung bringen, ob die eigenen Forderungen gerechtfertigt sind. Manchmal hilft es auch, wenn man genau aufschreibt, was man dem Chef oder der Kollegin sagen möchte.

- *Was erwarte ich von anderen Menschen?*
- *Bin ich bereit, dies ebenfalls zu schenken?*
- *Welche konkreten Wünsche habe ich – zuhause und bei der Arbeit?*
- *Wie bringe ich meine Anliegen ein?*

Sensible Frauen fühlen sich schnell überrollt und in die Ecke gedrängt. Hin und wieder rate ich Frauen zu einer körperlichen Maßnahme und empfehle einen Selbstverteidigungskurs oder ein Training in einem Fitnesscenter. Obwohl man im Büro wohl kaum körperlich um sich schlägt, lernt frau doch, dass man dem Gegner in die Augen blicken und sich zur Wehr setzen darf und kann. Wer sich körperlich stärker und sicherer fühlt, kann sich innerlich auch besser schützen.

Erwarten Sie also nicht passiv, dass andere sich Ihnen gegenüber korrekt verhalten, sondern lernen Sie, mit einem selbstsicheren Auftreten, Respekt und Achtung einzufordern.

Die eigenen Gefühle nicht auf die anderen übertragen

Sensible Menschen leiden manchmal mehr als die Person, die sie begleiten. Sie stellen sich vor, was sie in einer bestimmten Situation empfinden würden, und übertragen diese Gefühle auf den anderen. Dabei vergessen sie leicht, dass der andere Mensch vielleicht viel robuster ist, als sie sich vorstellen können.

Feinfühlige Menschen tun sich oft schwer in der Ablösung von ihren Eltern. Vor allem alleinstehende Frauen fühlen sich sehr stark für das Wohlergehen der alternden Eltern verantwortlich (gemacht). Kann man seine Mutter denn wirklich ins Altenheim «abschieben», obwohl sie so viel für die Kinder geopfert hat? Und wie gehe ich damit um, wenn sie dort nicht glücklich ist? Der Schmerz und auch die Vorwürfe des Elternteils können schwer auf der Seele lasten.

Empfindsame Menschen müssen oft ganz bewusst Grenzen zwischen sich und den andern ziehen. Sie können letztlich den andern ihre Schmerzen nicht abnehmen, und sie können sich auch nicht über ihre physischen und psychischen Grenzen hinaus engagieren. Nach der ersten harten Zeit des Einlebens merken viele Betagte, dass sie im Altenheim weniger einsam sind als daheim und dass sie von den vielfältigen Beschäftigungsmöglichkeiten profitieren können. So wie Sie sich selbst etwas zumuten, darf man es auch andern gegenüber tun. Wir können nur unser eigenes Leben bewältigen und nicht dasjenige der andern noch dazu.

Das schwere Wörtlein NEIN

Vor allem Frauen fällt es schwer, sich gegenüber den Forderungen von außen abzugrenzen. Das mag ganz unterschiedliche Gründe haben: Angst vor Verlust von Liebe. Angst, die Kontrolle zu verlieren. Mitleid. Oder Verlust von Selbstwertgefühl, da Helfen ja auch eine angenehme Empfindung auslösen kann. Es ist ja auch ein gutes Gefühl, wenn man gebraucht wird. Hier ein paar Kniffe, wie man eine Anfrage höflich abweisen kann:

«Geben Sie mir etwas Bedenkzeit.»

(Sie machen die Absage nicht so unvermittelt.)

«Ich schätze Ihr Vertrauen sehr, aber ...»

(Sie ehren damit Ihr Gegenüber und sprechen Wertschätzung für seine Idee aus.)

«So etwas mache ich prinzipiell nicht.»

(Hier merkt das Gegenüber, dass es sich seine Überredungsversuche sparen kann. Sie müssen sich nicht weiter erklären.)

«Das tut mir wirklich leid für Sie.»

(Sie geben zu verstehen, dass Sie die schwierige Situation nachvollziehen können. Aber eben, sie können trotzdem nicht helfen.)

«Das passt im Augenblick gerade nicht.»

(Sie vertrösten auf später.)

«Hm ... Nein.»

(Das «Hm» ist eine Art Anlauf zum Nein.)

Betrachten Sie es als eine Art Lebensgesetz, dass andere bestimmte Lasten gerne weiterreichen. Irgendjemand in der Reihe wird die Arbeit dann schon übernehmen – meistens die feinfühligen Helfertypen, die nicht Nein sagen können. In jedem Team ist dieser Helfer bestens bekannt. Leider sagt aber kaum jemand Dankeschön. Im Gegenteil: Jeder denkt heimlich, dass der ganz schön dumm ist, wenn er dauernd alles übernimmt. So ist die Anhäufung von Überstunden für einen Arbeitgeber längst nicht immer ein Zeichen besonderen Einsatzes, sondern kann genauso gut auf schlechte Abgrenzung und mangelnde Organisation hinweisen. Niemand nimmt uns das Setzen von Grenzen ab. Wir müssen selbst klar deklarieren, was wir wirklich wollen und was nicht.

Wenn Freunde versagen

Auch Jesus war nicht vor Enttäuschungen geschützt. Die bitterste Stunde erlebte er wohl in der finsteren Nacht im Garten Gethsemane. Nach dem feierlichen Festmahl zog Jesus sich mit seinen besten Freunden an einen ruhigen Ort zurück. Das gemeinsame Brechen des Brotes und das Trinken des Weines lagen nur wenige Stunden zurück. Wie hatten sie sich verbunden gefühlt – als verschworene Gruppe gemeinsam mit ihrem Rabbi gegen den Rest der Welt! Doch nun lag Verrat in der Luft. Judas hatte mit seinem abrupten Abgang die Stimmung verdorben. Was würde als Nächstes kommen?

Erschöpft legten sich die Jünger ins weiche Gras. Zuerst der triumphale Einzug in Jerusalem, die Streitgespräche mit den Führern des Volkes, und nun der Zwist im engsten Freundeskreis. Was würde jetzt noch folgen?

Jesus spürte seine schwerste Stunde nahen. Alles, was er von den Freunden erwartete, war ein wenig Anteilnahme und Gebet. War das wirklich zu viel verlangt? Anscheinend schon. Dreimal bat er sie, mit ihm zu wachen und zu beten – und dreimal wurden sie schon bald vom Schlaf übermannt.

So war Jesus in seiner entscheidenden Stunde allein – allein mit seinem himmlischen Vater. Das Versagen seiner Freunde war wohl schmerzlich für ihn. Aber er ließ sich dadurch nicht von seinem Weg abbringen. Er richtete sich ganz auf den Willen seines himmlischen Vaters aus. Dabei wurde er nicht von seinem Leiden befreit, sondern er erhielt die Kraft, dieses Leiden durchzustehen. Die Bibel berichtet von einem Engel, der ihn ermutigte und stärkte.

Wir alle kennen wohl Momente, wo wir ganz auf uns gestellt sind. Letztlich können nur wir allein unser Leben leben. Wahrscheinlich werden wir dabei nicht von einem «leibhaftigen Engel» gestärkt. Und trotzdem dürfen wir wissen: Jesus kennt diesen Schmerz und hilft uns, schwierige Zeiten durchzustehen. Er schenkt uns ein paar wenige Menschen in unser Leben und in unsere Situation, die uns entsprechend ihren Möglichkeiten begleiten.

3

Dicke Haut kann wachsen

«Ich habe eine Arbeitskollegin, die hinter meinem Rücken schlecht über mich redet. Auch sonst schmerzt es mich sehr, wenn ich kritisiert werde. Wie findet meine verletzte Seele Heilung?»

Üble Nachrede ist tatsächlich ein zerstörerisches Gift. Eine Frau klagte mir, dass ihr Mann seit drei Wochen kaum noch mit ihr spreche. Als ich ihn nach dem Grund fragte, brummte er, er mache ja nur genau das, was seine Frau hinter seinem Rücken ihren Freundinnen erzähle. Er habe einmal heimlich zugehört, wie sie jemandem am Telefon ausführlich klagte, dass er nicht mit ihr spreche. Diese Bemerkung habe ihn so wütend gemacht und verletzt, dass er es ihr heimzahlen wollte, indem er genau das tat, womit sie ihn bei andern anschwärzte. Welch hohen Preis zahlte die Frau für ihre unbedachten Worte!

Einer anderen Frau machte die üble Nachrede ihrer Nachbarin zu schaffen. Voller Freude war die Familie mit ihren drei Jungen in die geräumige Wohnung im zweiten Stock eines Mehrfamilienhauses eingezogen. Doch die Traumwohnung verwandelte sich bald in einen Albtraum. Genau unter ihnen wohnte eine lärmempfindliche Nachbarin. Obwohl die junge Mutter sich alle Mühe gab, um die drei Wildfänge ruhig zu halten, erzeugten sie doch den fröhlichen Lärm unbeschwerter Kinder. Die aufgebrachte Nachbarin erzählte den anderen Mietern die wildesten Geschichten über die ungezogenen Racker über ihr. Nach einem Jahr voller missbilligender Blicke war die junge Mutter am Ende ihrer Nervenkraft, litt unter Schlafstörungen und Kopfschmerzen. Doch die Miete war sehr niedrig und der Wechsel in eine neue Wohnung unerschwinglich.

Einer anderen Frau wurde die Arbeitsstelle durch üble Nachrede vermiest. Die Arbeit im Büro und im Team gefiel ihr recht gut, bis ein neuer Mitarbeiter dazustieß. Obwohl er ihr gleichgestellt war, forderte er ständig Unterstützung von ihr. Wenn sie diese verweigerte, ging er hinter ihrem Rücken zum Chef und beschwerte sich über ihre mangelnde Kooperation. Zuletzt hatte sie dann eine Zwei auf dem Rücken ihres «Arbeitstrikots», wo vorher noch eine Eins gestanden hatte.

Kritik und üble Nachrede sind starke Waffen. Sie können Beziehungen, Ehen, ja ganze Menschenleben zerstören. «Die Zunge kann kein Mensch zähmen. Ungebändigt verbreitet sie ihr tödliches Gift», schreibt Jakobus in seinem Brief an die frühen Christen. Immer wieder passiert es, dass wir unter den schädlichen Folgen leiden müssen. Aber wie können wir uns gegen dieses Gift schützen oder gar immun dagegen werden?

Den giftigen Pfeil zerbrechen

Kritik oder üble Nachrede ist wie ein giftiger Pfeil, den jemand gegen mich abschießt. Aber ich bin ihm nicht hilflos ausgeliefert: Ich kann ihn abwehren, zerbrechen und vielleicht sogar zurücksenden – also die Person konfrontieren.

Wenn jemand eine giftige Botschaft über mich in Umlauf setzt, sagt das zuerst einmal gar nichts über mich als Person aus. «Aber die bösen Worte, die ein Mensch von sich gibt, kommen aus seinem Herzen, und nur sie lassen ihn unrein werden!», sagte Jesus (Matthäus 15,18). Wenn jemand also böse, verletzende Worte in die Welt setzt oder weitergibt, so sagt er zuerst einmal nur etwas über sich selbst aus: In seinem Herzen sitzen böse Gedanken, er sieht die schlechten Eigenschaften der anderen, denkt schlecht über sie und teilt das auch anderen mit. Sie können sich also fragen:

- *Warum kann die Person nicht das Gute sehen und weitergeben?*
- *Warum hat sie es nötig, andere mit üblen Worten herabzusetzen?*
- *Was möchte sie erreichen?*

Jemand, der oft schlecht über andere redet, zeigt damit also vor allem, dass er selbst innerlich vergiftet oder vielleicht auch mit der Situation überfordert ist. Schlechte Rede verschmutzt zuerst den, der sie ausspricht, und erst in zweiter Linie den Kritisierten. Zerbrechen Sie also die giftigen Pfeile und lassen Sie diese gar nicht erst in Sie eindringen. Üble Nachrede ist zuerst einmal das Problem des Senders der Botschaft. Dieser bestraft sich letztlich selbst, wie wir das eindrücklich am ersten Beispiel sehen. Ein Sprichwort drückt das so aus: «Wie man in den Wald hineinruft, schallt es heraus.» Auch die lärmempfindliche Nachbarin stellte sich selbst in ein schlechtes Licht, als sie den Konflikt nicht mit der betroffenen Familie löste, sondern diese bei den Mitbewohnern anschwärzte. Jedenfalls verlor sie damit ein Stück ihrer Integrität, denn die andern Mitbewohner fanden die Kinder gar nicht so schlimm. Geben Sie bildlich gesprochen die giftigen Pfeile zurück an den Absender. Mit seiner üblen Nachrede hat er sich selbst beschmutzt.

Mit vier Ohren auf Empfang

Eigentlich sollten zwei Ohren ausreichen, um eine Botschaft zu verstehen. Der Psychologe Friedemann Schulz von Thun beschreibt in einem sehr praktischen Modell vier Ohren, mit denen jede Nachricht vom Empfänger aufgenommen wird. In der Kommunikationstheorie spricht man vom Sender und vom Empfänger einer Botschaft.

Ein Beispiel soll dies verständlich machen:

«Nie redest du mit mir. Das halte ich nicht mehr länger aus. Ich überlege mir nun ernstlich, ob ich ausziehen sollte.»

Welche Signale kann man aus dieser Aussage herauslesen? Wahrscheinlich merkt die erboste Person gar nicht, wie viel sie damit von sich selbst preisgibt.

Das Sach-Ohr: Auf diesem Ohr hört der Partner, dass seine Frau gerne mehr mit ihm reden möchte. Den sachlichen Anteil einer Botschaft zu erfassen, ist nicht allzu schwierig. Meistens reagieren wir aber nicht auf dieser

Sach-Ebene, sondern vor allem auf den verborgenen Teil der Aussage.

Das Beziehungs-Ohr: Was hören wir in der obigen Bemerkung über die Beziehung des Paares? Hier erfährt der Partner, dass er anscheinend den Anforderungen nicht genügt, ja, dass er schuld ist an der Krise der Frau. Unser Selbstwertgefühl baut zu einem großen Teil auf den Botschaften auf, die von außen kommen. Unterschwellig wird sich der Ehemann abgewertet fühlen.

Das Selbstoffenbarungs-Ohr: Hier erfahren wir etwas über den Zustand der kritisierenden Person. Sie ist wütend, und ihre Geduld ist am Ende. Sie macht den Partner für ihr Elend verantwortlich, und ihre Lösungsstrategie ist Flucht. Der Partner wird mit großer Wahrscheinlichkeit auf dieser Ebene der Wut antworten.

Das Appell-Ohr: Hier tastet man ab, was das Gegenüber von uns möchte. Welche Anforderungen werden gestellt? Was ist das hintergründige Motiv? Was möchte die Frau wohl mit ihrem Mann besprechen? Was will sie dadurch erreichen? Vielleicht fürchtet sich der Partner vor weiteren Forderungen und Vorwürfen und schützt sich durch seinen Rückzug ins Schweigen.

Sensible Menschen sind ganz besonders anfällig für versteckte Appelle. Beim kleinsten Hauch von Kritik fühlen sie sich verletzt, unter Druck gesetzt und persönlich in Frage gestellt.

Jede Botschaft, ob nun kritisch oder unterstützend, enthält diese vier Bestandteile. Das Entschlüsseln dieser

«Geheimbotschaften» braucht etwas Übung. Doch es ist ein erster Schritt, um eine Aussage nicht so furchtbar ernst und persönlich zu nehmen. Statt sofort an mir selbst zu zweifeln und die Schuld auf mich zu nehmen, finde ich wie ein Detektiv heraus, was der andere überhaupt von mir will. Zuerst einmal sagt die Mitteilung nichts über Sie selbst aus, sondern sie enthüllt die Wünsche, Motive und Ziele des Senders. Bleiben Sie also zunächst einmal ruhig, und denken Sie als Erstes darüber nach, was die andere Person überhaupt ausdrücken möchte, bevor Sie alles zu persönlich nehmen. Schon das Analysieren einer Botschaft kann beruhigend wirken, indem es zur Versachlichung der Situation führt.

Um eine Botschaft zu verstehen, müssen wir die vier Bestandteile einer Botschaft auseinandernehmen:

- Was? (Der Sachinhalt)
- Wie? (Der Hinweis auf die Beziehung)
- Wer? (Die Selbstoffenbarung des Senders)
- Wozu? (Der empfundene Druck zum Handeln)

Die Sachbotschaft herausfiltern

Feinfühlige Menschen nehmen vieles sehr persönlich und leiden entsprechend unter Kritik. Zuerst müssen wir deshalb lernen, zwischen der Sachbotschaft (beispielsweise dem lärmenden Verhalten der Kinder in einer Wohnung) und unserer Person zu trennen. (Ich bin kein schlechter Mensch, nur weil meine Kinder sich altersgemäß benehmen.)

Zartbesaitete Personen leiden ja gerade daran, dass sie keine festen Grenzen ziehen können. Deshalb trifft sie jede Kritik bis ins tiefste Mark. Mit dem Herausfiltern des Sachinhaltes bildet man eine erste Hornschicht auf seiner Haut. Die wichtige Botschaft lautet: Nicht ich als Person werde hinterfragt, sondern meine Handlung und in unserem Beispiel das Verhalten der Kinder. Gerade für Mütter ist es wichtig, dass sie immer wieder eine Linie zwischen sich und den Kindern ziehen. Diese sind spätestens nach der Geburt eigene Persönlichkeiten. Doch das Durchschneiden der psychischen Nabelschnur fällt nicht immer leicht.

In einer Konfliktsituation befasst man sich oftmals nicht nur mit dem Sachthema, sondern bringt auch seine ganze verletzte Seele mit ein. Oberflächlich spricht man zwar über den Konfliktpunkt, gleichzeitig aber geht es unterschwellig um die gesamte Existenz. Kein Wunder, dass so eine Diskussion sehr gefühlsbeladen ist. Im ganzen Gefühlssturm gilt es deshalb, den sachlichen Inhalt der Botschaft herauszufiltern:

- *Was genau wird mir vorgeworfen?*
- *In welchen Punkten müsste ich der Kritik zustimmen?*
- *Wo liegt die kritisierende Person falsch?*

Die Beziehungsebene

Es ist spannend, wie sich bestimmte Muster über das ganze Leben hinweg wiederholen. Immer wieder treffen wir auf Menschen, von denen wir uns in die Ecke gedrängt fühlen – wie damals von der älteren Schwester, der Lehrerin in der Grundschule oder später von einer Nachbarin oder Arbeitskollegin. Diese Menschen waren sich wohl charakterlich ähnlich und lösten immer ein ähnliches Abwehrmuster aus. Sie können sich deshalb die folgenden Fragen stellen:

- *An wen erinnert mich die schwierige Person?*
- *Wie reagiere ich jeweils auf diese Personen?*
- *Was könnte ich anders machen?*

Meistens enthält die kritisierende Nachrede einen wahren Kern. Deshalb tut sie ja auch so weh. Die junge Frau im obigen Beispiel wünschte sich auch perfektere Kinder und bemühte sich sehr in ihrer Mutterrolle. Nur zu gerne hätte sie die Kinder hin und wieder «eingefroren», um selbst ein paar ruhige Minuten zu genießen. Auch für sie waren die Kids manchmal tatsächlich eine Belastung, und sie verstand eigentlich die Klagen der Nachbarin. Das Gefühl des «Nicht-genügen-Könnens» war aber nicht neu für sie. Schon im Elternhaus hatte sie es nie gut genug machen können, und in der Schule landete sie im unteren Mittelfeld. Auch später begleitete sie das Gefühl, nicht genügen zu können, und das wurde bei jeder Klage wieder verstärkt. Natürlich wusste die gute Nachbarin nicht, was sie bei der jungen Frau auslöste. Beide fühlten sich nicht verstanden, obwohl sie innerlich ganz ähnlich empfanden. Beide waren so verletzt, dass sie gar nicht sachlich reden konnten.

Den Appell offenlegen

Am stärksten reagiert man aber auf den versteckten Appell einer Botschaft. In unserem Beispiel fühlte sich die junge Mutter aufgefordert, ihre Kinder besser zu erziehen und vor allem ruhig zu halten. Sie fühlte sich in ihrer

Würde als Mutter verletzt und wollte sich keine einengende Erziehung aufdrängen lassen.

Die Frage lautet hier:

- *Was will die Person von mir?*
- *Was wird unausgesprochen ausgedrückt?*
- *Lege ich vielleicht zu viel Bedeutung in eine harmlose Aussage?*

Nicht selten deutet man eine lapidare Bemerkung viel zu tief. Ich mache die Erfahrung, dass die meisten Menschen erstaunlich gute Absichten haben und erst gereizt reagieren, wenn sie sich selbst bedroht fühlen.

Die Sicht des Kritikers bedenken

Schließlich ist es immer auch spannend, sich in die Haut des Kritikers zu versetzen.

- *Was geht in der andern Person vor?*
- *Was bedrückt sie?*
- *Welches sind ihre Reaktionsmuster?*

Wenn es uns gelingt, das Gegenüber kennen zu lernen und herauszufinden, wie die Person funktioniert, sind wir immer einen Schritt voraus. Wir können dann nämlich vorhersehen, was passieren wird, und sind in der Lage, vorbeugend zu handeln.

Auch in unserem Nachbarschaftskonflikt führte dies schließlich zur Lösung. Als die junge Mutter nicht weiterkam, suchte sie gemeinsam mit ihrem Mann noch einmal das Gespräch. Diesmal gelang es ihr, ruhig zu bleiben und die Klagen anzuhören. Endlich ging ihr auf, dass auch die «böse Nachbarin» litt und sich nicht verstanden fühlte. Die Beziehungsebene wurde endlich angesprochen. Durch das gegenseitige Verständnis wurde eine Lösung des Konflikts möglich: Man einigte sich auf ein paar einfache Maßnahmen wie Ruhezeiten mittags und abends und das Verlegen eines Teppichbodens im Kinderzimmer. Die ganze Familie kaufte Hausschuhe mit weichen Sohlen und schwebte nun geradezu lautlos durch die Wohnung. Und so wurde die Geräuschkulisse deutlich abgeschwächt.

Nun kehrte endlich Ruhe ein im Haus. Hin und wieder passte die Nachbarin später sogar auf die «netten Kinder» von oben auf.

Elefanten und Schmetterlinge

Nicht immer können wir uns unsere Gefährten aussuchen. Bei der Arbeit und in der Familie wird man manchmal mit eigenartigen Leuten zusammengeführt. Frau S. hatte zuerst große Mühe mit einem Teamkollegen. Der gehörte zur Persönlichkeitsgruppe der Choleriker. Wenn ihm etwas nicht passte, regte er sich lautstark auf, so dass das ganze Großraumbüro seinen Ärger mitbekam. Mal war er gut gelaunt, dann wieder konnte man ihm nichts recht machen. Frau S. war das genaue Gegenteil. Sie fühlte sich wohl, wenn Harmonie herrschte. Schon das sanfte Ansprechen eines Problems war für sie wie ein Hammerschlag. Ihr Kollege hingegen schien erst etwas zu verstehen, wenn man ihn anschrie. Doch das war nicht ihre Art. Sollte sie nun ihre Stelle wechseln? Würden die Leute an einem andern Ort aber netter sein? Jedenfalls wollte sie nicht mehr länger still vor sich hinleiden.

Schließlich entschied sie sich für einen Versuch: Sie wollte das Verhalten des Kollegen nicht mehr persönlich nehmen. Ihr war klar, dass sie ihn nicht verändern konnte, sondern letztlich so gut wie möglich an ihm vorbeikommen musste. Wenn er wieder einmal seinen «Kropf» leerte, spielte sie innerlich eine Art Ping-Pong-Spiel und sagte sich in etwa: «Lautstärke bedeutet nicht Stärke, sondern Schwäche. Er kann mir mit seiner lauten Stimme nichts anhaben.» Damit gab sie die Verantwortung ab, ihn zufriedenstellen zu müssen, und nahm ihm die Macht, über sie zu bestimmen. Sie spielte seine schlechte Laune zu ihm zurück, denn das war schließlich *sein* Problem. Damit entzog sie ihm den Resonanzboden. Wenn er auf ihren zarten Saiten spielen wollte wie auf einer Gitarre, fand er an ihr keinen Klangkörper mehr, der mitschwang. Sie gab ihm zu verstehen: Du musst *deine* Probleme selbst lösen. Sie gab ihr heimliches Ziel, allen gefallen zu wollen, auf, und damit hatte er keine Macht mehr über sie.

Antworten zum Abblocken könnten sein:

«Ach so.»

«Schlimm für dich.»

«Da musst du halt selbst schauen.»

«Meinst du?»

Sensible Menschen gestehen ihrer Umgebung viel zu viel Macht zu. Die andern sind vielleicht lauter und schneller.

Doch das bedeutet nicht, dass sie innerlich stärker sind. Das gilt auch für den Umgang mit dem starken Geschlecht. Frauen haben oft eine sehr feine Antenne, die die kleinsten Störfelder auffängt. Ihre Männer sind ganz anders ausgestattet und brauchen klare Signale, damit sie eine Botschaft überhaupt wahrnehmen. Nehmen Sie es nicht persönlich, wenn er Ihre Bedürfnisse nicht erahnt und entsprechend reagiert. Menschen funktionieren ganz unterschiedlich und verletzen damit andere ohne Absicht. Versuchen Sie es also immer wieder.

Elefanten und Schmetterlinge können sich wahrscheinlich nie wirklich verstehen. Wir nehmen wohl besser etwas Abstand vom schweren Dickhäuter und schauen aus der Ferne zu, wie er herumtrompetet.

Wenn das Fass überläuft

Manchmal aber haben wir einfach genug. Wir können giftigen Pfeilen auch ausweichen, indem wir uns von Menschen fernhalten, die regelmäßig schlecht über andere herziehen. Diese werden in unserer Abwesenheit auch uns in den Schmutz ziehen.

Doch manchmal muss man reinen Tisch machen. Rückzug, Nachgeben und Stillsein führen selten zur Lösung des Problems. Der Elefant muss wissen, dass da jemand leidet, wenn er auf ihm herumtrampelt, und die Person, die böse Gedanken sät, soll erfahren, dass sie dies nicht heimlich tun kann. Aufdecken, Klarstellen und Konfrontation kann man nicht immer umgehen.

Gerade feinfühligen Menschen fällt dies nicht leicht, denn sie haben leider schon zu oft erlebt, dass sie zuletzt den Kürzeren gezogen haben. Trotzdem muss es hin und wieder sein.

Stellen Sie sich darauf ein, dass Ihr Gegenüber zuerst nicht begeistert sein wird und je nach Temperament sogar zurückschießen will.

Lassen Sie sich nicht auf einen Machtkampf ein. Zeigen Sie einfach klar und deutlich, dass Sie so nicht mit sich umgehen lassen. Ein paar Redewendungen, um einen Machtkampf zu beenden, sind:

«Da gibt es eben zwei Meinungen.»

«Lassen wir das stehen.»

«Das ist meine persönliche Empfindung.»

Wenn Ihnen solche Gespräche schwerfallen, ist es hilfreich, dies mit einer Freundin vorzubereiten und das Gespräch zuvor schon mal als Rollenspiel zu üben. Dabei tut es gut, wenn Sie einmal die forsche Person spielen. Das gibt Ihnen Anregungen, wie Sie im wirklichen Leben auch etwas forscher auftreten können.

Die giftigen Pfeile vor Gott bringen

Nicht immer kommt es zu einem Happy End, wenn man jemanden mit seiner üblen Nachrede konfrontiert. Schon die Dichter der Psalmen schrieben über die Not ihrer verletzten Seelen: «Ich schrie zum Herrn, als ich nicht mehr aus noch ein wusste, und er half mir aus meiner Not. Herr, rette mich auch jetzt vor diesen Lügnern und Betrügern, die die Wahrheit verdrehen! Ihr Lügner, glaubt ihr denn, ihr könntet der Strafe Gottes entgehen? Er wird es euch heimzahlen!» (Psalm 120,1–3).

Der Psalmbeter breitet all die Gefühle, die Sie vielleicht auch kennen, vor Gott aus: Ohnmacht, Verletzung, Hilflosigkeit und unterschwellig auch Wut. Welche Wohltat muss es für ihn sein, wenn er sich vorstellt, wie Gott einmal diese hinterlistigen Lügner straft.

Die Klage vor Gott hat eine reinigende Wirkung. Statt dass wir das ätzende Gift übler Nachrede tief in uns eindringen lassen, bringen wir es vor Gott. Er sieht mein Herz. Er weiß, wie ich es meine. Ihm ist es nicht gleichgültig, wie es mir geht. Und er steht zu mir.

Auf dieser Erde erfahren wir leider oft keine Gerechtigkeit. Doch Gott ist auch heute ein gerechter Richter. Breiten Sie das Gehörte vor ihm aus, und übergeben Sie die bösen Zungen Gottes Gericht. Umgeben Sie sich mit Menschen, die Ihnen wohlgesinnt sind. Dann können uns die andern eigentlich weitgehend egal sein.

Es wird wohl immer Menschen geben, die nicht mit allem, was wir tun, einverstanden sind und dies hinter unserem Rücken auch ausdrücken. Damit müssen wir leben, aber wir können uns davor schützen.

4

Auf der Achterbahn der Gefühle

«Wie gehe ich mit meinen Gefühlen um, bevor
sie die Überhand über mich gewinnen? Ich bin
so ärgerlich über die vielen kleinen Dinge in
meinem Leben, die nicht stimmen, und
irgendwo habe ich die Kontrolle darüber
verloren. Bitte helfen Sie mir, dass ich diese
negativen Gefühle und Gedanken überwinden
kann.»

*W*oher kommen eigentlich die Gefühle? Darüber machen wir uns wenig Gedanken, wir nehmen sie einfach als gegeben hin. Positive Gefühle wie Freude, Befriedigung, Dankbarkeit lassen wir gerne zu. Schwieriger wird es mit der Negativskala der Empfindungen wie Wut, Trauer, Ärger oder Eifersucht. Darf man als Christ die ganze Bandbreite der Empfindungen zulassen, oder ist nur der positive Anteil erlaubt? Können Gefühle zur Sünde werden? In ihrem Brief verbindet die Dame – vielleicht unbewusst – zwei wichtige Dinge. Sie schreibt einerseits von Gefühlen und andererseits von Gedanken. Beide gehören zu unserem Seelenleben wie die beiden Seiten einer Medaille.

Lassen Sie uns also einen Blick in die inneren Gesetzmäßigkeiten der Seele werfen.

Allzeit fröhlich?

Gefühle sind oft nur schwer fassbar. Für Männer gleicht das Land der Emotionen einem Minenfeld: Da gibt man(n) ganz unschuldig eine harmlose Bemerkung von sich, und plötzlich ergießt sich eine Flut negativer Reaktionen auf den Ahnungslosen. Die Welt der wechselnden Empfindungen erscheint unsicher und unkontrollierbar. Nur zu schnell können sie entgleiten, ausufern, überwältigen. Männer setzen lieber auf klare Fakten und bauen ihre Reaktionen auf logischen Überlegungen auf.

Frauen ticken genau umgekehrt. Statt langer Analysen verlassen sie sich auf ihre Intuition. Sie spüren, was für sie richtig ist, können es allerdings nur unvollständig begründen. Aber auch für Frauen werden die Gefühle zum Stolperstein, wenn diese plötzlich eine Art Eigenleben entwickeln. Da brodelt eine undefinierbare Wut im Innern, ein Ärger durchzieht den ganzen Tag und zerstört die guten Seiten, oder eine düstere Trauer legt sich wie ein dichter, klebriger Nebel über alle Gedanken und Beziehungen. Gefühlsausbrüche können zuerst eine Erleichterung bringen, aber nachher fühlt man sich schuldig und leidet unter dem Scherbenhaufen, den man angerichtet hat.

Negative Emotionen und Verletzlichkeit entsprechen so gar nicht dem idealen Bild eines zuversichtlichen und frohgemuten Christen. Als gläubiger Mensch ist man doch jederzeit fröhlich, ausgeglichen und ein leuchtendes Vorbild für alle andern. Oder nicht? Sogenannte schlechte Gefühle werden schnellstens unterdrückt oder unter dem Stichwort «sündig» verbucht.

Gefühle sind aber zuerst einmal nichts anderes als ein Ausdruck unserer seelischen Befindlichkeit. Die Färbung der Gefühle kann von den folgenden Faktoren beeinflusst werden:

- Ausdruck einer inneren Haltung
- Signale von unverarbeiteten Erlebnissen
- Hormonelle Veränderungen
- Psychische Störungen wie Depression oder Angststörung

So wie Lava bei einem Vulkanausbruch von der inneren Aktivität der Erde zeugt, so berichten Gefühle von unseren inneren Beben. Ärger kann aufzeigen, dass tatsächlich etwas falsch läuft, und man tut gut daran, wenn man die Situation klärt. Gefühle stehen aber besonders bei Frauen im Zusammenhang mit dem Auf und Ab der weiblichen Hormone. Dazu kommt die Beeinträchtigung der Gefühlswelt durch psychische Störungen wie Depressionen oder Angstattacken. Man würde vielen Menschen Unrecht tun, wenn man negative Emotionen mit sündigem Verhalten gleichsetzen würde. Man kann sich mit diesen Gefühlslagen auseinandersetzen und sie zu einem gewissen Grad verändern, doch werden sich Emotionen wohl nie wirklich zähmen lassen.

Selbst Jesus drückte die ganze Bandbreite von Gefühlen aus: Freude, wenn er sah, wie jemand Gottes Wort aufnahm; Mitleid und Trauer, wenn er mit leidenden Menschen zusammentraf; Zorn, als er die lärmenden Händler aus dem Tempel vertrieb; aber auch Angst, als er im Garten Gethsemane auf seine Verfolger wartete. Regungen wie Zufriedenheit und Unruhe, Ärger und Zorn, Angst oder Übermut sind natürliche Bestandteile der Gefühlswelt und nicht mit Sünde gleichzusetzen. Sie werden erst zur Sünde, wenn wir andere Menschen damit manipulieren, einschüchtern oder bestrafen. Die Bibel lehrt uns den Umgang mit unseren Emotionen, indem sie uns beispielsweise ermahnt, dass wir die Sonne nicht untergehen lassen sollen über unserem Zorn.

Signale aus dem Dunkel

Haben Sie auch schon einmal erlebt, wie Sie plötzlich von einem starken Gefühl überflutet worden sind? Ich kuschelte mich vor Kurzem gemütlich in unseren bequemen Sessel und las einen spannenden Krimi. Im Laufe der Handlung begegnete der Kommissar einer jungen Frau, die ein Kind durch plötzlichen Kindstod verloren hatte. Plötzlich stiegen in mir starke Gefühle der Trauer hoch, mein Magen zog sich zusammen, und ich saß wie betäubt in unserem Wohnzimmer. Was war passiert? Auch wir haben vor rund zwanzig Jahren unser drittes Kind auf diese schreckliche Art verloren. Auch wenn das Geschehen in meinem Buch nicht Wirklichkeit war, traf mich das Thema so unvorbereitet, dass ich von diesen «alten» Gefühlen schockartig überschwemmt wurde. Die alte Wunde war eigentlich schon längst verheilt. Mit unserem jüngsten Sohn haben wir ein wunderbares «Trostkind» großziehen dürfen, und ich hatte mich längst mit diesem schmerzlichen Kapitel meines Lebens ausgesöhnt. Trotzdem liegt anscheinend dieser Schmerz tief in meiner Psyche verborgen. Wenn ich gestresst bin, taucht die Erinnerung in Träumen auf oder eben in einem überraschenden Augenblick.

Meine Gefühle entwickelten an jenem gemütlichen Nachmittag ein Eigenleben und wiesen als Signale aus der Tiefe auf eine Lebensnarbe hin. Die aktuelle Situation und die Intensität der Gefühle stimmten nicht überein. Doch wenn man den inneren Zusammenhang kennt, ergibt so ein «Gefühlsstoß» einen Sinn.

Jedes starke Auseinanderklaffen von aktueller Situation und gefühlten Emotionen weist auf einen tiefer liegenden Schmerz hin. Es kann vorkommen, dass jemand ein schreckliches Erlebnis wie ein unbeteiligter Zuschauer erzählt. Wahrscheinlich steht die Person noch unter Schock oder hat sich innerlich davon abgelöst, um sich zu schützen.

Dann gibt es auch das Gegenteil, so wie ich es gerade eben berichtete. Die erlebten Gefühle sind viel zu stark und entsprechen gar nicht dem aktuellen Vorkommnis. Beide Reaktionsarten sind wie Signale, die auf ein Ungleichgewicht hinweisen:

- zu intensive Gefühle
- zu flache, eingefrorene Gefühle

In beiden Varianten sollte man diese Signale ernst nehmen. Flashbacks, die zu einem traumatischen Erleben zurückführen, kann man nicht vollständig wegtherapieren. Diese Wunde ist Teil des Lebens und kann immer wieder kurzfristig aufbrechen. Zur Verarbeitung ist es hilfreich, wenn man sich nicht von neuem vom Schmerz bestimmen lässt. Lassen Sie auch die positiven Seiten aus der Erinnerung aufsteigen: Beistand, den Sie empfangen haben, Lehren, die Sie gezogen haben, Lebenskraft, die wachsen konnte.

Bei zu flacher Gefühlslage lohnt sich ein Blick hinter die seelische Hornhaut. Was sind meine wirklichen Empfindungen, darf man sich da fragen.

Auf den Wellen der Hormone

Die Gefühlswelt der Frauen bewegt sich im Einklang mit dem steten Auf und Ab der Hormone. Das Wissen um diese Zusammenhänge kann dazu dienen, dass man sich besser kennen lernt und auch zukünftige Gefühlslagen voraussehen kann. Dies kann auch dem Umfeld helfen, die komplizierte weibliche Gefühlswelt besser zu verstehen und damit umzugehen.

Weibliche Hormone sind die Verursacher folgender «Zustände»:

- Prämenstruelles Syndrom (PMS)
- Menopause
- Baby-Blues
- Postnatale Depression

PMS: Sehr viele Frauen spüren den monatlichen Wechsel ihrer Hormone. Sie fassen dies in folgende Worte:

> «Ich bin sehr dünnhäutig, aber vor der Menstruation habe ich das Gefühl, dass ich gar keine Haut mehr habe.»
>
> «Ich empfinde mich oft als zwei ganz verschiedene Personen. Vierzehn Tage lang bin ich unternehmungslustig, fröhlich und habe eine gute Beziehung zu meinem Mann. Dann bin ich zwei Wochen lang wie umgedreht: reizbar, empfindlich, einfach unmöglich. Welcher Mensch bin ich nun in Wirklichkeit?»
>
> «In der Woche vor der Monatsblutung fühle ich mich als der letzte Mensch auf Erden. Ich sehe mich

dann als Versagerin, als die schlechteste Mutter, die nur Fehler macht.»

Untersuchungen zeigen, dass siebzig Prozent der Frauen sich von der Hormonumstellung kurz vor der Monatsblutung beeinträchtigt fühlen. Bei vier Prozent ist die depressive Verstimmung so stark, dass man von einer PMDS, also von einer prämenstruellen dysphorischen Störung, spricht.

Die Verstimmungen haben eine körperliche Ursache. In der zweiten Phase des Monatszyklus haben Frauen eine herabgesetzte Reaktion auf den Botenstoff Serotonin, der für das Befinden und die Stimmungsregulation bei Stress, Angst und Depression eine zentrale Rolle spielt. Die Frau fühlt sich also unausgeglichener und gereizter.

Das wohl einzig Positive daran ist, dass man diese stressigen Zeiten voraussehen kann. Planen Sie also nicht den Hausputz in diesen Tagen vor den Tagen, und versuchen Sie auch nicht, den Ehemann oder die Arbeitskollegin umzuformen. Schonen Sie sich, tun Sie sich etwas Gutes und warten Sie, bis der Spuk vorbei ist.

Menopause: Diese letzte große Hormonumstellung kann schon im Alter von 35 bis 45 Jahren einsetzen. Gefühlsmäßig zeigt sie sich mit verstärkten Stimmungsschwankungen, verstärktem PMS oder depressiven Phasen. Dazu gesellen sich körperliche Auswirkungen wie verstärkte Müdigkeit, Hitzewallungen, Gewichtszunahme.

Frauen erleben den Abschied vom Monatszyklus unterschiedlich. Während die einen nur wenig davon bemerken, leiden vor allem die Feinfühligen verstärkt darunter. So wie sie im Leben Veränderungen schlecht verkraften, so wird auch dieser Wechsel zu einer großen Herausforderung.

Begleitend können sich verstärkt Schuldgefühle melden. Zorn, Verstimmungen, Reizbarkeit, Ungeduld sind negative Gefühle, mit denen man andere verletzen kann. Plötzlich wird man in eine Art zweite Pubertät versetzt und eckt allenthalben an. Auch hier entlastet das Wissen, dass die Gefühle teilweise vom Hormonwechsel gefärbt werden. Reden Sie mit Freundinnen darüber. Informieren Sie Ihre Familie oder Freunde, dass die gereizten Reaktionen nicht völlig ernst zu nehmen sind. Verschaffen Sie sich genügend Bewegung, und genießen Sie die neuen Freiräume, die diese Lebensphase bringt.

Baby-Blues: Achtzig Prozent aller Mütter leiden nach einer Geburt am sogenannten Baby-Blues. Drei Tage nach der Geburt kippt die Stimmung von erleichtert bis euphorisch in ein Tief. Plötzliches Weinen, Schlaflosigkeit, Reizbarkeit, Gefühle der Unfähigkeit bis hin zur Ablehnung des Kindes setzen ein. Eigentlich sollte man glücklich sein, wenn das niedliche kleine Wesen friedlich im Arm döst – aber man könnte losheulen und weiß nicht, wieso. Warum dieser Wechsel? Die junge Mutter leidet ganz einfach am starken Abfall des Hormons Östrogen. Nach dem Einsetzen der Wehen fällt der Spiegel um das 50-Fache. Wen wundert's, wenn die Laune bei diesem Entzug kurz in Schieflage kommt? Nach einigen Tagen stabilisiert sich der Hormonspiegel und damit in der Regel auch die Stimmung der jungen Mutter.

Postnatale Depression: Bei einem kleinen Prozentsatz hält die triste Stimmung aber an. Traurigkeit, Sinnleere, Müdigkeit, Schlafstörungen können bis zu zwei Jahre andauern. Man nennt dies dann eine Postnatale Depression (wird neuerdings auch als Postpartale Depression mit der Abkürzung PPD bezeichnet). In diesem Fall ist es wichtig, dass man die junge Mutter nicht allein lässt und dafür sorgt, dass sie fachliche Hilfe bekommt. Vor allem darf man keine Vorwürfe machen oder sie gar als schlechte Mutter hinstellen. Sie braucht ermutigende Gespräche und gegebenenfalls die Unterstützung von Medikamenten.

Aus diesem kleinen Exkurs in die Welt der Hormone lässt sich einiges lernen:

- Gefühlsschwankungen können durch Hormone «gefärbt» werden und sind nicht als Sünde einzuordnen.
- Wenn wir im Einklang mit unserem Körper leben, können wir diese Gefühlsschwankungen voraussehen und bewältigen.
- Ein trainierter Körper kann die Hormonschwankungen besser auffangen.
- Wenn die Familie (oder der Freundeskreis) über die Tücken des monatlichen Zyklus informiert ist, kann sie bzw. er damit besser umgehen.
- Die schwierigen Tage als Teil des gemeinsamen Lebens und der Beziehung akzeptieren: Frauen werden an ihren Tagen immer sensibler sein.
- Schwäche kann auch zum Wachstum führen.
- Bei großer Beeinträchtigung können Medikamente ausgleichen.

- Streitgespräche vermeiden und Probleme in den «stabilen» Tagen ansprechen.
- Gott steht uns in dieser Phase erhöhter Sensibilität bei.

Wenn die Seele weint

Susanne arbeitet als Krankenschwester auf der Krebsabteilung. Sie nimmt ihre Arbeit sehr ernst und möchte den kranken Menschen bestmöglich beistehen. Als sie zu mir in die Sprechstunde kam, war sie sehr nervös, traurig, erwachte morgens schon um vier Uhr und fühlte sich kaum in der Lage, sich zu konzentrieren und ihre Arbeit geordnet ablaufen zu lassen. In letzter Zeit seien in ihrer Abteilung etliche Stellen abgebaut worden, und das verbleibende Team müsse nun einen noch größeren Einsatz leisten, erzählte sie mir. Eigentlich sei sie immer ein fröhlicher Mensch gewesen, und diese negativen Gefühle seien ihr unbekannt.

Susanne ist nicht allein mit ihrem Problem. Depression ist eine verbreitete Volkskrankheit. Eine Studie zeigte, dass 15–20 Prozent der Bevölkerung sich depressiv oder traurig fühlen, 3 Prozent der Bevölkerung kämpfen mit einer schweren Depression, 0,6 Prozent leiden an einer manisch-depressiven Erkrankung.

Interessanterweise fühlen sich Frauen viermal häufiger depressiv als Männer. Was ist wohl der Grund dafür?

Die Ursachen der Depression sind breit gefächert:

- Vererbung: Eine angeborene Empfindsamkeit.
- Hirnbiochemie: Unter Stress verändert sich die Hirnbiochemie.

- Hormone: Die weiblichen Hormone haben Einfluss auf das Gefühlsleben.
- Kindheit: Schwere Übergriffe, grobe Vernachlässigung oder frühe Verluste beeinflussen die Stärke der Persönlichkeit.
- Negative Denkmuster: Überhöhte Ideale schwächen das Selbstwertgefühl.
- Aktueller Verlust: Tod eines Ehepartners, Scheidung, Verlust der Arbeitsstelle, Ablösung von Kindern.
- Überlastung: Man kann den Körper nicht beliebig belasten.

Manchmal schleppt man sich mühsam durch eine düstere Zeit und merkt gar nicht, dass man an einer Depression leidet. Deshalb ein paar Testfragen:

Ja	Nein	
❏	❏	Können Sie sich noch freuen?
❏	❏	Haben Sie noch die gleichen Interessen wie vor kurzer Zeit?
❏	❏	Sind Sie weniger initiativ als noch vor wenigen Wochen?
❏	❏	Fühlen Sie sich tagsüber erschöpft, ohne Schwung?
❏	❏	Sind Sie körperlich erschöpfter und haben mehr Schmerzen?
❏	❏	Fühlen Sie sich nervös, innerlich angespannt, ängstlich?

❑	❑	Fällt es Ihnen schwerer, Entscheidungen zu treffen?
❑	❑	Leiden Sie an Schlafstörungen?
❑	❑	Haben Sie wenig Appetit und dazu Gewicht verloren?
❑	❑	Verspüren Sie sexuelle Lustlosigkeit?
❑	❑	Neigen Sie verstärkt zum Grübeln?
❑	❑	Plagt Sie das Gefühl von Lebensüberdruss?

Wenn Sie bei den meisten dieser Fragen mit Ja antworten, dann leiden Sie an einer Depression und sollten Hilfe erhalten. Diese kann an mehreren Stellen ansetzen.

Gespräch: Zuerst tut es gut, wenn Sie sich bei jemandem aussprechen können, der Sie versteht und Sie nicht noch mit Bemerkungen wie «Reiß dich doch zusammen» zusätzlich belastet. In der Folge wird man sich mit den Auslösern der Depression, mit den Lebensumständen und möglichen vergangenen Verletzungen befassen. In einer weiteren Phase wird man Ihre Denkmuster analysieren und herausarbeiten, wo Sie sich mit zu hohen Anforderungen an sich selbst unter Druck setzen. Dann wird man Wege suchen, wie Sie sich entspannen und abgrenzen können.

Praktische Hilfe: Depressive brauchen aber nicht nur Gespräche, sondern auch praktische Unterstützung. Vielleicht müssen Sie die Arbeit eine Zeitlang reduzieren oder gar die Stelle wechseln, und bei der Hausarbeit ist eine klare Planung wichtig.

Aktivierung: Depressiven fehlt es oft an Antriebskraft. Umso wichtiger sind eine geregelte Tagesstruktur, ein fester Arbeitsplan und viel Bewegung.

Medikamente: Bei einer schweren Depression mildern Medikamente das Leiden. Die sogenannten Antidepressiva verändern die Persönlichkeit nicht, sondern lassen im Gegenteil die gesunden Anteile durchklingen. Es besteht keine Suchtgefahr, denn die Dosis bleibt stabil und muss nicht wie etwa bei Tranquilizern ständig erhöht werden, um die Wirksamkeit zu erhalten.

Depressionen verlaufen in Phasen. Das heißt, es besteht die sehr hohe Wahrscheinlichkeit, dass sie auch mal ein Ende haben.

Das Grundgesetz der Seele

Albert Ellis, ein bekannter amerikanischer Psychologe, hat das Zusammenspiel von Gefühlen und Gedanken in seiner sogenannten ABC-Theorie dargestellt. Er spricht dabei von zwei Quellen, die die Gefühle beeinflussen: von den auslösenden Ereignissen und der eigenen Bewertung der Situation.

Lassen Sie mich das an einem Beispiel erklären. Ein Chef kritisiert die Arbeit seiner Sekretärin. Dies kann ganz unterschiedliche Gefühle wachrufen wie Wut oder Empörung, Angst oder Selbstvorwürfe. Warum schwingen die Gefühle so verschieden, obwohl es sich um dieselbe Situation handelt? Zwischen dem **A** (= auslösendes Erlebnis; «**a**ctivating event») und dem **C** (= emotionale Konsequenz, also das Gefühl; «emotional **c**onsequence») liegt als wichtigster Einfluss das **B** (= meine eigene Bewertung; «**b**eliefs»). Vielleicht schiebt die Sekretärin in ihren Gedanken die Schuld auf ihren Chef, nach dem Motto: «Immer dieser Schwerenöter! Von dem muss ich mir das nicht gefallen lassen!» – dann wird sie eher wütend sein. Dreht sich in ihr hingegen der Gedanke: «Ich bin nur wertvoll, wenn ich keine Fehler mache» – dann wird sie eher von Selbstvorwürfen gequält. Nimmt sie an, dass ihr Chef keine Versager duldet – dann wird sie wahrscheinlich von der Angst um ihren Job überwältigt.

Wir sind unseren Gefühlen also nicht ohnmächtig ausgeliefert, sondern können sie in einem gewissen Maß durch unsere Erwartungen, Annahmen und Lebenshaltung beeinflussen.

Dieses einfache Modell zeigt uns, wo man ansetzen muss, wenn man die Gefühle beeinflussen will: Man muss dort beginnen, wo eine Einflussmöglichkeit besteht, nämlich bei den auslösenden Situationen oder bei den Gedanken. Damit verändern sich indirekt auch die Gefühle.

Nehmen wir die auslösenden Ereignisse: Diese können wir in einem gewissen Rahmen beeinflussen. Die Sekretärin kann sich zum Beispiel überlegen, ob sie in einer ruhigen Minute das Gespräch mit dem Chef suchen sollte, ob sie eine Weiterbildung besuchen könnte, um ihrer Arbeit besser gewachsen zu sein, oder ob sie in der Personalabteilung Hilfe suchen sollte. Vielleicht müsste sie besser planen, Prioritäten setzen, sich Erholung gönnen, oder sie überlegt sogar, ob sie die Stelle wechseln sollte, wenn der Leidensdruck unerträglich wird. In den allermeisten Situationen kann man etwas verbessern oder verändern.

Die Gedanken sind frei

Leider gibt es aber in unserem Leben Dinge, die man nicht wegmachen kann. Vielleicht muss man sich mit einem schwierigen Chef abfinden oder man steckt mitten in einer zerbrochenen Beziehung, die Kinder strapazieren den letzten Nerv oder eine schwere Krankheit bedroht das Leben. Selbst in diesen scheinbar ausweglosen Situationen haben wir einen kleinen Spielraum, mit dem wir unsere Gefühle beeinflussen können: Unsere Gedanken sind frei. Bis zu einem gewissen Grad können wir sie leiten. Wenn sich in unserem Kopf beispielsweise die Platte dreht: «Ich bin nur sicher, wenn ich die anderen kontrollieren kann», ist der Ärger schon vorprogrammiert. Leider fällt es uns oft sehr viel leichter, im Negativen hängen zu bleiben, als aufbauenden Gedanken Raum zu geben. Wir bleiben in diesen zerstörerischen Anklagen bzw. Selbstanklagen kleben wie in einem Spinnennetz.

Die Bibel fordert uns auf, aus diesem negativen Teufelskreis auszubrechen. Der Apostel Paulus schreibt seinen Freunden in der griechischen Stadt Philippi aus dem Gefängnis in Rom die folgenden aufmunternden Worte: «Schließlich, meine lieben Brüder und Schwestern, orientiert euch an dem, was wahrhaftig, gut und gerecht, was redlich und liebenswert ist und einen guten Ruf hat» (Philipper 4,8). Eigentlich hätte er allen Grund zur Klage gehabt, als er Tag und Nacht an einen Wärter angekettet auf das Urteil des römischen Kaisers wartete. Was konnte er in seiner Todeszelle wohl noch Gutes entdecken? Aber er entschied sich anders!

Wo können Sie in Ihrem Leben Spuren von Gottes Güte entdecken? Wenn Sie diesen guten Gedanken Raum geben, wird der Ärger langsam von Dankbarkeit verdrängt werden.

5

Was zu viel ist, ist zu viel

«Ich habe drei Kinder unter zehn Jahren, die ich sehr liebe. Deshalb habe ich mich entschlossen, eine Weile zu Hause zu bleiben und nicht zu arbeiten. Doch ich fühle mich trotzdem überfordert. Ich bemühe mich sehr, meinen Kindern Aufmerksamkeit zu schenken und geduldig mit ihnen umzugehen. Doch ich bin einfach nicht gut genug als Mutter. Der Alltag stresst mich zu sehr, und auch meine Kinder bekommen den Druck zu spüren. Ich habe das Gefühl, dass ich innerlich ausbrenne.»

urn-out scheint heute eine Art Zivilisationskrankheit zu sein. Vermehrt suchen auch gestresste Manager Beratungsangebote auf. Ein Viertel der älteren Arbeitnehmer klagt über Erschöpfung während und nach der Arbeitszeit. Betroffen sind auch Menschen, die in Helferberufen arbeiten, wie Lehrer, Ärztinnen und Ärzte, Sozialarbeiter und Krankenschwestern. Auch Mütter gehören zu dieser Kategorie der (über)engagierten Menschen. Als besondere Risikogruppe betrachtet man Frauen zwischen 25 und 40 Jahren, denn sie sollen die Anforderungen an die Superfrau erfüllen: Mutter, Ehefrau, Mitarbeiterin in der Arbeitswelt und in der Kirchengemeinde – alles muss unter einen Hut gebracht werden. Berufstätige Mütter arbeiten bis zu 70 Stunden in der Woche, während Väter sich durchschnittlich mit 55 Stunden zufrieden geben.

Die Betreuung von mehreren Kindern ist ein Vollzeitjob. Mütter arbeiten sieben Tage in der Woche so an die achtzehn Stunden pro Tag. Kein Wunder, dass sich viele ausgetrocknet, ausgebrannt und ausgesaugt fühlen. Fachleute umschreiben diesen Zustand rücksichtsvoll auf Englisch mit dem Begriff «mother burnout». Frei übersetzt könnte man sagen: «Mütter – total ausgebrannt».

Während bei Männern hohe emotionale Belastung verbunden mit hoher körperlicher Belastung und dem Gefühl fehlender Unterstützung zu Ermüdung führt, leiden Frauen eher unter den eigenen hohen Ansprüchen und an Konflikten mit Kollegen. Wenn zum chronischen Stresspegel zusätzlich Stresssituationen hinzukommen, wie zum Beispiel Krankheit, Konflikte oder Unfall, wird ein Burn-out wahrscheinlicher. Auch sensible Menschen sind anfälliger für das Auslaufen ihrer Kräfte.

Erschöpfte Menschen funktionieren während der Arbeitszeit noch gut, geraten aber am Feierabend aus dem Tritt. Es ist deshalb nicht selten, dass man am Wochenende oder in den sehnlichst erwarteten Ferien krank wird.

Als Ursachen für das Ausbrennen nennen Fachleute die folgenden Gründe:

- Hoher Idealismus
- Hohe Anforderungen von außen
- Keine messbaren Erfolge
- Keine zeitliche Begrenzung
- Hohe Anforderungen an sich selbst
- Schuldzuweisungen von außen
- Vererbte körperliche Disposition

Im Rhythmus der Hormone

Zuerst einmal setzt die ererbte körperliche Beschaffenheit unsere Grenzen fest. Da gibt es Menschen, die aus einem beinahe unerschöpflichen Kraftreservoir zu schöpfen scheinen. Sie sind immer gut drauf, gefühlsmäßig ausgeglichen und scheinen mit Leichtigkeit alles zu meistern. Andere müssen mit ihren Kräften mehr haushalten, sind schneller müde und erschöpft und auch stimmungsmäßig anfälliger für Tiefs.

Schon bei Säuglingen kann man Unterschiede im Umgang mit äußeren Reizen feststellen. In einer Studie untersuchte man die Reaktionen von Säuglingen. Die Winzlinge wurden mit Eis berührt, mit Lärm überflutet oder plötzlich in helles Licht getaucht. Erstaunlicherweise reagierten sie völlig unterschiedlich. Während die einen sich kaum stören ließen und friedlich weiterdösten oder sich interessiert der spannenden Umgebung zuwandten, schrien andere wie am Spieß. Alle diese Kinder hatten noch keine traumatischen Ereignisse hinter sich, und auch die Erziehungsbemühungen ihrer Eltern standen noch aus. Die Wissenschaftler kamen zum Schluss, dass die Reaktion auf äußere Reize zu einem großen Teil angeboren sein muss. Auf diese Grundkonstitution bauen sich dann später erlernte Reaktionsmuster auf. Schon in diesem frühen Alter provozieren die Babys unterschiedliche Reaktionen der Eltern. Das schreiende Kind wird vielleicht liebevoll getröstet und beruhigt oder aber ärgerlich oder gar entnervt auf die Matratze ins Nebenzimmer gelegt. Aus diesem Zusammenspiel von ererbten Grundstrukturen und den dadurch ausgelösten Reaktionen wird unser Lebensmuster gewoben.

Bei den Frauen kommt noch der spezielle Zyklus der Hormone dazu. Vor den Tagen der Menstruation ist man vermehrt gereizt und angespannt und oft deutlich weniger leistungsfähig. Mit dem Abbau des sogenannten

Glückshormons Östrogen erfährt die Frau eine Art Entzug von ihrem natürlichen «Antidepressivmedikament» und sinkt in eine Art Mini-Depression. Glücklicherweise steigt mit der Rückkehr dieses Hormons nach der Monatsblutung auch die Stimmung wieder automatisch an.

In der Mitte des Lebens geht frau durch eine weitere tief greifende Veränderung, nämlich dann, wenn die Menstruation zu einem Ende kommt. Neben den körperlichen Begleiterscheinungen wie Hitzewallungen oder Herzbeschwerden sind Schlafstörungen und eine vermehrte psychische Labilität nicht selten. Sensible Frauen empfinden diese Veränderungen besonders stark und werden entsprechend strapaziert und sind schneller erschöpft.

Auch Mütter sind vom Spiel der Hormone stark betroffen. Besonders in der ersten Zeit der Kleinkindphase ist Mama durch die Hormonumstellungen, die Geburt, das Stillen und das beständige Schlafmanko körperlich geschwächt. Später können Spannungen und Unsicherheiten mit den heranwachsenden Jugendlichen zu psychischen und körperlichen Beschwerden führen.

Ihr Gefühl der Überforderung ist also kein Zeichen von besonderer Schwäche, sondern eine normale Reaktion Ihres Körpers auf die vielfältigen Anforderungen, die an Sie persönlich gestellt werden.

Gesteuert von unbewussten Zielen

Wenn wir morgens unsern Tag planen, denken wir nicht an irgendwelche verborgenen Ziele. Im Eilzugtempo stehen wir unter der Dusche, blinzeln verschlafen in den

Spiegel, schlingen das Frühstück hinunter und überfliegen die Morgenzeitung.

Doch schon bei der Musterung im Spiegel läuft im Hintergrund ein verstecktes Denkprogramm: Was halten und denken die andern wohl von mir? Auch bei der Auswahl der Kleidung schwingt unbewusst unser Lebensmotto mit:

- Ich will es allen recht machen: Also kleide ich mich unauffällig.
- Ich will perfekt sein: Alles muss stimmen – von der Blusenfarbe bis zum Lippenstift.
- Ich will Eindruck machen: Business-Kleidung muss her, damit auch die Männer wissen, dass ich ebenbürtig bin.
- Ich will meine Ruhe haben: Freizeitkleidung macht alles bequemer.

Dieses unbewusste Ziel begleitet uns wie eine zweite Haut in den Arbeitsalltag. Der Freizeittyp wird auch seine Arbeit easy nehmen, was seine Kollegen nicht immer freuen dürfte. Der Cheftyp wird alles daransetzen, um seine Vorrangstellung zu erhalten, was recht anstrengend sein kann. Frauen gehören besonders zahlreich zum Helfertyp, dem nur wohl ist, wenn die Beziehungen harmonisch geprägt sind. Dazu arbeiten sie häufig in vom Burn-out bedrohten Helferberufen. Der «Harmonievirus» ist aber eine auszehrende «Krankheit», denn wir werden nie in der Lage sein, allen alles zu bieten. So sind innere Spannungen vorprogrammiert.

Besonders stressig wirkt sich aber das Streben nach Perfektion aus. «Perfektionismus ist eine unvorstellbare

Stressbelastung. Perfektionismus ist ein ungeistliches, selbstherrliches, menschlich unmenschliches Leben», schrieb der bekannte Familienberater und Autor Reinhold Ruthe einmal.

Mütter sind besonders empfänglich für perfekte Ziele. Viele Mütter möchten das Beste für ihre Kinder. Und so bemühen wir uns mit allen Kräften, den Kindern alles zu geben, stets für sie da zu sein, einfühlsam und verständnisvoll auf sie einzugehen und die besten Voraussetzungen für ihre Entfaltung zu schaffen. Sie tragen ein verklärtes Bild von unerschöpflicher Mutterliebe in sich, die man in die folgenden Worte fassen kann: Gute Mütter machen keine Fehler. Sie kennen die Bedürfnisse ihrer Kleinen und stillen sie sofort. Sie sind rund um die Uhr verfügbar, und selbstverständlich sind auch ihre Kinder perfekt.

Diese Ziele sind bestimmt edel – aber leider nicht erreichbar.

Auch von außen ist der Anspruch an Mütter heutzutage sehr hoch. Nicht nur die Frau hat sich emanzipiert, sondern auch das Kind fordert seine Rechte ein. Die Mutter soll als Spiel- und Gesprächspartnerin, als Freizeit-Animateurin und Retterin in der Not allzeit für die Bedürfnisse ihres Nachwuchses bereitstehen.

Schuldgefühle und Erschöpfungszustände sind die unausweichlichen Folgen überhöhter Erwartungen an sich selbst. Diese Zusammenhänge sind ausführlicher beschrieben in meinem Buch «Mütter sind nicht immer schuld» (R. Brockhaus Verlag).

Die unbewussten Ziele sind eine starke Triebfeder unseres Lebens. Wir können sie jedoch nur verändern, wenn wir sie kennen lernen. Fragen Sie sich also in einer stillen Stunde:

- *Was treibt mich vorwärts?*
- *Sind meine Ziele realistisch und erreichbar?*
- *Wo sollte ich sie anpassen?*

Weniger ist mehr

Ich erlebe immer wieder, dass sensible Menschen sich zu viel Verantwortung aufbürden. Wenn sie eine Beziehung eingehen, dann muss sie hundertprozentig stimmen, wenn sie eine Not erkennen, dann wollen sie schnellstens helfen. Als Jesus auf dieser Erde lebte, war selbst er der Unvollkommenheit unterworfen: Er heilte nicht alle Menschen; er enttäuschte zeitweise seine eigene Mutter; seine Jünger versagten, als sie wirklich gefordert waren. Er ließ sich nicht von einem unbestimmten Leistungsdruck leiten, sondern hörte auf die Stimme seines Herzens. Damals hetzte man noch nicht von einer Veranstaltung zur nächsten. Auf seinen Reisen nach Jerusalem durchquerte er das ganze Land – zu Fuß. Stundenlang wanderte man in der Ruhe der Natur und hatte Zeit …

- zum Nachdenken,
- zum Reden,
- zum Beten.

Überprüfen Sie immer wieder sorgfältig, wie weit Ihre Verantwortung geht. Im mittleren Lebensabschnitt muss man sich oft mit den wachsenden Anforderungen durch die Eltern auseinandersetzen. Soll man die alternden Eltern selbst betreuen? Wie stark brauchen sie tatsächlich Unterstützung in ihrem täglichen Leben – und wo wollen diese lediglich ihre erwachsene Tochter dirigieren? Wie viele Besuche sind notwendig? Auch bei dieser Frage spielen unsere inneren Lebensmuster unterschwellig mit. Ein «Harmonietyp» wird nur mit größter Mühe Nein sagen können, was einem Phlegmatiker deutlich leichter fallen dürfte. Der Helfertyp befürchtet, dass er die Liebe der Eltern verlieren könnte, wenn er Nein sagt, während für jemand anders seine Ruhe wichtiger ist. Trotz allen guten Willens können wir den Eltern nicht alle Lasten abnehmen. Sie müssen zu einem Teil selbst mit den Bürden des Alters fertig werden, und das tut weh.

Unser Einsatz wird immer durch unsere Kräfte und Möglichkeiten eingeschränkt werden. Vielleicht reicht Ihre Kraft nicht, um die Eltern daheim zu betreuen, und Sie müssen diese Aufgabe an ein Altenheim delegieren. Dann können Sie sie wenigstens besuchen und diese gemeinsame Zeit angenehm gestalten. Weniger, aber von Herzen, kann mehr bedeuten.

Wenn Sie mit Ihren begrenzten Kräften sorgfältig haushalten müssen, ist eine gute Planung umso wichtiger. Gerade für Hausfrauen ist eine Tagesstruktur unabdingbar, weil man sich sonst in den vielen Details verlieren könnte. Das Haus könnte immer besser aufgeräumt sein, und der Garten wäre unkrautfrei bestimmt hübsch anzusehen. Doch auch das sind sehr stressige Ziele. Auch berufstätige Singles können nicht alles perfekt unter einen Hut bringen und tun gut daran, wenn sie ihre freie Zeit strukturieren. Dies kann auf verschiedene Art geschehen.

- *Wochenplan: An welchen Tagen werden wiederkehrende Arbeiten erledigt?*
- *Tagesplan: Wie teile ich die tägliche Routine sinnvoll ein?*
- *Plane ich eigentlich genügend Zeit ein für Überraschendes?*
- *Ruhezeiten: Wann schaffe ich mir Oasen der Erholung? Wann tanke ich auf?*
- *Wie kann ich mir jeden Tag etwas Gutes tun?*

Strukturierte Zeit bringt Sicherheit für mich und meine Umgebung. Die anfallende Arbeit türmt sich nicht zu einem Berg auf, sondern wird auf die ganze Woche verteilt. Am Montag muss ich nicht schon ans Waschen denken, weil ja der Donnerstag dafür reserviert ist. Für Teenager kann dies bedeuten, dass auch ihr Bedarf an frischer Wäsche erst am Freitag wieder gedeckt ist, und sie so lernen, ihre Klamotten einzuteilen. Viele Wiedereinsteigerinnen erzählten mir, wie sie ihre Hausarbeit seit ihrem meist teilzeitlichen Arbeitseinsatz viel straffer und effektiver erledigen.

Warum misslingt das Planen immer wieder? Man unterschätzt oft den Zeitaufwand. Es ist wichtig, dass man immer etwas Extrazeit dazuschlägt, denn bestimmt trifft etwas Unerwartetes ein.

Eins nach dem andern

Man muss nicht alles selbst machen. Gerade berufstätige Mütter müssen besonders hohe Anforderungen erfüllen, die sie tadellos erfüllen möchten. Doch es nützt niemandem, wenn sie zusammenbrechen. Es ist deshalb kein Zeichen von Faulheit, wenn man sich durch eine Putzhilfe entlasten lässt, sondern ein Gebot der Weisheit. Man schafft dadurch einen willkommenen Zuverdienst für eine Arbeitskraft und entlastet sich von Arbeiten, die auch andere leisten können. Viele Familien spannen auch die Kinder für das Erledigen der Hausarbeit und zum Kochen ein. Diese sind in der Regel gerne bereit, in der Wohngemeinschaft mitzuhelfen, wenn sie sehen, dass man ihre Hilfe wirklich braucht.

Feinfühlige Menschen sind oft nicht in der Lage, zu viele Aktivitäten gleichzeitig durchzuziehen. Sie können nicht Mutterpflichten, Berufstätigkeit und ehrenamtliche Mitarbeit in Kirche oder Verein unter einen Hut bringen. Für manche Mütter wird schon die Anforderung von Berufs- und Familienleben zu viel, denn sie wollen beide Aufgaben sehr gut erledigen. Der beständige Wechsel zwischen den Welten kostet Kraft. Manchmal gilt es dann zu entscheiden, wo man seine Energie einsetzen will. Es ist kein Zeichen von Schwäche, wenn man sich dabei für die eigenen Kinder entscheidet. Die Aufgabe als Mutter ist wohl die einzige, für die es kaum eine Stellvertretung gibt. In der Arbeit als Sekretärin, Lehrerin oder Krankenschwester ist man ersetzbar. Als Mutter ist man einzigartig.

Sensible Menschen können einen großen inneren Reichtum weiterschenken – doch dieser kann sich nur in einem geschützten Rahmen entfalten. Wählen Sie Ihr Betätigungsfeld und Ihre Beziehungen sorgfältig aus. Sie können und müssen nicht die ganze Welt retten.

Setzen Sie sich dort ein, wo es Ihren Gaben entspricht, und überlassen Sie alles Weitere Gott und den anderen Menschen.

Oasen schaffen

Neueste Forschungsergebnisse verweisen auf eine weitere Ursache für das Ausbrennen hin: «Weil wir immer weniger Zeit haben, unser Leben zu genießen, fehlt es uns an schwerelosen Momenten. Es fehlt an Freude. Die ist für die seelische und körperliche Gesundheit weitaus wichtiger als bislang vermutet» ist in einer psychologischen Zeitschrift zu lesen.

Gönne ich mir Oasen der Entspannung, der Freude, der inneren Einkehr? Christen dürfen genauso Spaß haben und ihren Feierabend genießen wie andere.

Auch Jesus war nicht rastlos tätig. Immer wieder berichten die vier Evangelisten, wie Jesus sich in die Einsamkeit zurückzog. Nicht immer stieß er damit bei seinen Bewunderern auf Verständnis. Einmal waren 4000 Menschen um ihn versammelt. Eine Zeitlang war er ganz für sie da: Er legte ihnen Gottes Wort aus, heilte einige Kranke, und zuletzt schenkte er ihnen allen Nahrung. Doch die Erwartungen waren riesengroß. Eine Gruppe seiner Bewunderer bereitete sich darauf vor, ihn als König auszurufen. Das Volk hätte einen wie ihn gebraucht. Doch Jesus zog sich zurück, bestieg ein Boot und ließ sich zu einem einsamen Platz am See rudern. Dort ruhte er sich aus, fern von allem Betrieb und allen Anforderungen. In dieser Ruhe konnte er die Stimme seines Vaters hören und sich auf ihn ausrichten.

So ein Freiraum kann ganz unterschiedlich gestaltet werden. Für Mütter ist es wohl besonders schwierig, sich von den Anforderungen der Familie und oft noch zusätzlich vom Beruf zurückzuziehen. Eine Mutter erzählte, wie sie sich im Trubel von Kindern und teilzeitlicher Berufstätigkeit kleine Oasen der Entspannung gestaltete. Wenn morgens die Kinder endlich aus dem Haus waren und alle «Last Minute»-Hilferufe und geschwisterlichen Reibereien verhallt waren, nahm sie sich Zeit für einen Kaffee. Dann setzte sie sich ans Klavier und spielte und sang ihre Lieblingslieder. Danach war sie innerlich wieder ausgeglichen und nahm den täglichen Kleinkram mit mehr Schwung in Angriff.

Nicht immer sind es äußere Zwänge, die keine Entspannung zulassen. Manche Mutter bindet sich innerlich sehr stark an ihre Kinder und ist nicht bereit, sie auch nur stundenweise oder für ein Wochenende an jemanden abzugeben. Ihre psychologische Nabelschnur ist noch stark mit dem Kind verwachsen, und sie lebt für das Kind und das Kind für sie. Es kann ja auch das Selbstwertgefühl stärken, wenn man absolut unabkömmlich ist.

Vor allem im Kleinkindalter ist die Trennung vom anhänglichen Knirps nicht einfach. Ich erinnere mich noch gut, wie wir unseren ältesten Sohn für fünf Tage bei unseren Bekannten abgaben und als Ehepaar diese Tage für uns nahmen. Immer wieder wanderten meine Gedanken zum kleinen Lukas, und ich stellte mir vor, was der arme kleine Kerl durchmachen musste. Es stellte sich dann heraus, dass ich wahrscheinlich mehr litt als er. Nach einem kurzen Weinen gewöhnte er sich erstaunlich schnell an die liebevolle Fürsorge seiner «Pflegeeltern». Für mich war es entlastend zu wissen, dass ich mindestens zeitweise ersetzbar war.

Erholte und zufriedene Mütter können den Kindern mehr geben. Gönnen Sie sich also Ruhepausen, bevor Sie ausbrennen. Ihre Gesundheit ist wichtiger als der

Frühjahrsputz, von dem man in wenigen Wochen sowieso nichts mehr sieht. Erstellen Sie einen Wochenplan mit der anfallenden Arbeit, und planen Sie auch Ihre Freizeit ein. Als Mutter könnte man sich pausenlos beschäftigt halten, denn niemand läutet für uns die Pausenglocke. Wir selbst tragen die Verantwortung für unsere Zeiteinteilung. Nehmen Sie sich hin und wieder frei. Auch wir Mütter brauchen einen Sabbat. Man findet beispielsweise immer Teenager, die sehr gerne für wenig Geld babysitten. Es gibt für Mütter noch ein Leben *neben* den Kindern. Dies wird uns aber nicht serviert, sondern wir müssen es selber gestalten.

Die äußere Distanz verhilft auch zu einem inneren Abstand. Man entflieht der zermürbenden Tretmühle des Alltags, kriegt Abstand von den täglichen Reibereien und kann aus dieser Distanz heraus ganz neue Energie tanken.

Das gilt auch für Singles. Auch sie stehen in einer Doppelbelastung, indem sie hundert Prozent arbeiten und dazu noch ihren Haushalt führen müssen. Dies geschieht ja dann meistens am Abend oder am Samstag. Dazu kommen die Anforderungen aus der Kirchengemeinde oder dem Verein. «Du bist ja allein und hast Zeit», wird einem dann gesagt. Niemand versteht so richtig, warum man so «egoistisch» ist und Nein sagt.

Sensible Menschen müssen besonders darauf achten, dass sie sich Ruhezeiten gönnen. Sie können nicht beständig geben, nicht andauernd leisten, nicht immer für andere da sein. Gerade wegen ihrer dünnen Haut verlieren sie viel Energie und müssen entsprechend auftanken.

6

Lass doch das Sorgen

«Ich mache mir oft Sorgen um die Zukunft, ohne wirklich zu wissen, warum. Eigentlich geht's mir gut. Ich bin glücklich verheiratet und habe zwei Kinder. Finanziell sind wir versorgt, und eigentlich müsste ich glücklich sein. Doch ich traue der guten Lage nicht. Ich denke, es ist die Ruhe vor dem Sturm. Oder: So viel Glück habe ich nicht verdient. Ich habe Angst, mein Mann stirbt oder es passiert irgendetwas Schlimmes. Wie komme ich gegen dieses Sorgen an?»

orge und Angst lauern wohl in vielen Herzen. Wir spüren, dass jedes Leben aus Licht und Schatten, aus Freude und Leid besteht. Dürfen wir das Leben einfach voll genießen? Zurücklehnen? Entspannen? Oder werden wir für diese sorglose Haltung später bestraft? Immer wieder treffe ich Menschen, die kaum zu erzählen wagen, dass es ihnen gut geht. Im Schweizer Volksmund sagt man dann jeweils: «Ich muss Holz berühren, damit das Unglück weiterhin fernbleibt.»

Tatsächlich haben wir das Glück nicht gepachtet, und wir besitzen auch keine Garantie, dass wir nicht einmal von Not getroffen werden. Erst recht haben wir keinen Anspruch darauf, dass nur die andern leiden müssen. Irgendwann werden unsere Eltern sterben. Es kommt der Tag, da werden sich die Kinder selbstständig machen – und das geschieht meistens nicht ohne Trennungsschmerzen. Müssen wir uns nicht schon heute auf die mögliche Katastrophe von morgen vorbereiten?

Immer nur Sonne schafft Wüste

Viele Menschen haben berechtigten Grund zur Sorge. Hin und wieder kann ich kaum glauben, wie viel ein Mensch ertragen muss. Eine Bekannte von mir hat drei Kinder – die Tochter leidet am Down-Syndrom, der Sohn hat unter Einfluss von Cannabis die Lehre abgebrochen und der Mann hat die Stelle verloren wegen der negativen Auswirkungen einer Depression. Die Familie lebt von der Hand in den Mund und schleppt sich mühsam durch das Leben. Wie kann man da die Sorgen ablegen?

Oder ich denke an alleinstehende Frauen. Nicht selten lauert da die Angst vor dem Altwerden und dem Alleinsein, weil keine Kinder da sind.

Auch durch meine Arbeit als Präsidentin des Hilfswerks World Vision Schweiz treffe ich bei Projektbesuchen im Ausland viele Menschen, denen es nach unseren europäischen Maßstäben schlecht geht. Ihre Kinder sterben an Durchfall, weil dort kein sauberes Wasser aus der Röhre sprudelt. Oftmals wissen sie am Morgen noch nicht, was sie am Abend kochen können und ob überhaupt etwas da sein wird. Der Überlebenskampf ist hart und anstrengend und fordert alle Kraftreserven. Trotzdem sind die Menschen nicht permanent unglücklich. Sie freuen sich über die kleinsten Geschenke, feiern fröhlich Feste und lassen all ihre berechtigten Sorgen in den Hintergrund treten. In den Augen jener Frauen schimmert Trauer, Sorge – aber auch Mut und Durchhaltekraft. Glück und Zufriedenheit sind nicht nur von den äußeren Bedingungen abhängig, sondern sie können von innen her wachsen.

- Schwierige Zeiten können unser Leben überschatten, aber sie können uns nicht zerstören.
- Innere Stärke wächst beim Überwinden von Schwierigkeiten.

Die Nomaden in der Wüste wissen den Wert von Regen zu schätzen. Jeder kleinste Tropfen wird aufgeregt gefeiert und aufgefangen, denn Wasser heißt auch Wachstum und Leben. Deshalb wohl entstand in jenen Regionen die Volksweisheit: «Immer nur Sonne schafft Wüste.»

Das seelische Immunsystem

Auch amerikanische Forscher haben sich mit dem Einfluss von Glück und Unglück befasst. Sie befragten zwanzig Bewerber und Bewerberinnen, die sich landesweit für eine Stelle als Rektor oder Rektorin bei verschiedenen Colleges beworben hatten, über ihr inneres Ergehen nach der erfolgten Annahme oder Ablehnung ihrer Bewerbung. In der nächsten Woche nach dem Entscheid schwelgten die Erwählten in ihrem Erfolg. Die Abgelehnten waren verständlicherweise eher gedrückt gestimmt. Ein halbes Jahr später war die Stimmung bei allen erstaunlicherweise wieder normal. Die neuen Rektoren spürten wohl den Druck der ungewohnten Anforderungen, und die Abgelehnten hatten sich mit der Situation abgefunden.

Die Forscher leiten daraus ab, dass Menschen eine Art psychisches Immunsystem besitzen. Starke Erlebnisse führen zuerst zu starken Gefühlen, die sich aber relativ rasch wieder dem normalen Zustand nähern. Positiv eingestellte Menschen bleiben auch im Unglück positiv, während Pessimisten dadurch noch niedergedrückter werden.

Zum ganzheitlichen Leben gehören Sonne und Wärme, aber auch Finsternis und Kälte. Der Schreiber des Predigerbuches fasst diese Weisheit in eindrückliche Worte (Prediger 3,4; Luther-Bibel):

- «Weinen hat seine Zeit,
- lachen hat seine Zeit,
- klagen hat seine Zeit,
- tanzen hat seine Zeit ...»

Diese Weisheit ist wohl tief in uns allen verborgen. Niemand aber freut sich auf die harten Zeiten, und so ist eine gewisse Angst nicht irrational, sondern führt zur Realität des Lebens.

Angst ist oft wie ein gelbes Warnlicht: Sie zeigt uns an, dass wir uns vor einer Gefahr schützen sollten. Aus Angst vor einem Unfall halten wir uns an die Geschwindigkeitsbegrenzung, oder wir flanieren nachts nicht durch eine unsichere Gegend, weil wir uns richtigerweise fürchten. Und so weiter. Angst ist also letztlich ein Gefühl, das uns vor einer Gefahr warnt und meistens ein vorsichtiges Verhalten nach sich zieht.

Angst ist aber auch ein unangenehmer innerer Spannungszustand. Allzu gerne möchten wir unser Leben kontrollieren und am liebsten schon wissen, was alles geschehen wird – bis zu unserem letzten Atemzug. Besonders Menschen mit einem Kontrolldrang reagieren sensibel, wenn etwas außerhalb ihres Einflussbereichs liegt. Es ist wohl eine der Herausforderungen des Lebens, dass wir nicht wissen, was hinter der nächsten Wegbiegung auf uns wartet.

Lachen hat seine Zeit

Müssen wir nun deswegen in Trübsal versinken und uns jetzt schon grämen?

Nein: Lachen und Tanzen haben ihre Zeit. Genießen Sie diesen guten Lebensabschnitt in vollen Zügen. Der Fragestellerin zu Beginn des Kapitels habe ich damals Folgendes geantwortet: «Aus Ihren Zeilen kommt mir entgegen, dass Sie die guten Seiten in Ihrem Leben durchaus sehen. Sie sind zufrieden mit Ihrem Mann, den Kindern, dem finanziellen Rahmen. Glauben Sie mir, diese Zufriedenheit ist ein wertvolles Gut, das Sie auch durch schwierigere Zeiten tragen wird.»

Je älter man wird, umso wichtiger werden Erinnerungen. Vor Kurzem hat einer unserer Söhne geheiratet. Zur Vorbereitung seines großen Tages durchsuchten wir unsere Fotoalben, um all die vielfältigen Erinnerungen in humoristische Reime zu fassen. Ich muss gestehen: Hin und wieder glänzten meine Augen feucht, während ich die zahlreichen kostbaren Momente einer recht glücklichen Kindheit Revue passieren ließ. Waren das noch Zeiten, als das Haus erfüllt war vom Lachen spielender Kinder und jeder Tag seine Überraschungen in sich barg. In der Erinnerung verschwinden glücklicherweise all jene Momente des Ärgers und des Stresses und machen einem allgemeinen Gefühl vergangenen Glücks Platz. All die innigen Momente der Nähe und des Glücks kommen nie mehr zurück. Rückblickend frage ich mich, warum ich jene Zeit nicht mehr ausgekostet habe. Jeder glückliche Tag ist eine Anlage in die Zukunft, von der wir später zehren können.

Genießen können ist letztlich ein Geschenk und eine Aufgabe. Es bedeutet, dass wir all die Sorgen der Zukunft ausblenden und uns ganz auf die Gegenwart konzentrieren. Dabei dürfen wir ruhig all unsere Sinne einspannen:

- *Welches Essen kann ich genießen?*
- *Bei welcher Musik wird mir innerlich wohl?*
- *Mit wem treffe ich mich besonders gern?*
- *Welche Farbe hellt meine Stimmung auf?*
- *Welcher Geruch erinnert mich an ein angenehmes Erlebnis?*

Schlussendlich bleiben wir nämlich immer dieselben, in welcher Situation wir uns auch befinden mögen: Wer in guten Zeiten zufrieden ist, wird auch Tiefs besser durchstehen. Es ist wohl die größte Kunst im Leben, immer etwas Gutes aus einer Situation zu machen. Stärken Sie also bewusst diese positive Seite Ihrer Persönlichkeit und üben Sie sich in Zufriedenheit.

Weinen hat seine Zeit

Nun gibt es da trotz allen Glücks diesen Schatten in Ihrem Leben, diese Verlustangst, die wohl in uns allen schlummert. Die einen können sie besser unterdrücken, die Sensibleren quält sie mehr. Wir dürfen uns schützen vor den dunklen Gedanken.

Die Verlustangst wird bei manchen durch schlimme Nachrichten aus dem Bekanntenkreis oder durch die Medien verstärkt. Kürzlich erkrankte eine meiner Patientinnen ganz tragisch an Brustkrebs. Das ging mir so unter die Haut, dass ich gleich einen Arzttermin vereinbarte und für mich selbst die längst fällige Vorsorgeuntersuchung in Angriff nahm. Wie sehr ich unterschwellig Angst hatte, merkte ich erst an meiner Erleichterung, als der Befund okay war.

Eher ängstliche Menschen tun gut daran, wenn sie sich vor schlechten Nachrichten schützen. Man muss sich nicht täglich der Not der Welt aussetzen, die uns bei jeder Gelegenheit in der Tagesschau präsentiert wird. Vielleicht verzichtet man auch auf aufwühlende Filme oder Bücher.

Die seelische Hornhaut kann durch folgende Maßnahmen wachsen:

- Sich vor erschütternden Bildern schützen
- Unsicherheiten abklären
- Trauer zulassen

Nicht immer hat unser Umfeld Verständnis, wenn für uns die Zeit des Weinens dran ist. «Ich gehe durch eine schwierige Zeit», erzählte mir eine Frau mit Tränen in den Augen. «Mein Vater ist gestorben nach einem langen Leiden. Ich habe ihn gepflegt und viel Zeit mit ihm verbracht. Zur gleichen Zeit hat meine Tochter geheiratet und ist endgültig ausgezogen. Die beiden sind ein glückliches Paar, trotzdem schmerzt mich die Trennung von meinem Kind. Zu guter Letzt mussten wir auch noch unsern Hund einschläfern lassen. Damit ist die Zeit als Familie endgültig vorbei. All diese Verluste machen mich traurig. Zusätzlich schmerzt es mich, wenn mir in meiner Kirchengemeinde gesagt wird, als Christ hätte ich nicht wirklich Grund zur Trauer und ich solle mich doch zusammenreißen. Schließlich sei mein Vater ja im Himmel. Darf ein Christ nicht trauern?»

Nun, in der Bibel begegnen wir erstaunlich normalen Menschen. Menschen, die sich freuen, die wütend werden und die auch weinen. Selbst starke Männer wie Petrus, der Fischer, vergießen Tränen, und auch Jesus lässt seine Gefühle zu. Lachen hat seine Zeit. Und manchmal ist auch die Zeit für Tränen da. Lassen Sie diese Gefühle ebenfalls zu. Erst wenn wir etwas durchlitten haben, werden wir frei für Neues.

Der zweite Blick

«Was würdet ihr anders machen, wenn ihr eure Kinder nochmals erziehen könntet?», fragte ich einmal eine Gruppe von Müttern. Eine Antwort hat mich besonders beeindruckt. Ganz spontan meldete sich jemand mit den Worten: «Ich würde mir weniger Sorgen machen.»

Wenn ich zurückblicke auf meine 25-jährige Karriere als Mutter, kann ich nur weise und zustimmend nicken. Wie oft machte ich mir beispielsweise Sorgen wegen der Schulleistungen eines Sohnes. Wird er die nächste Prüfung in der Schule bestehen? Wird er eine Klasse wiederholen müssen? Kann er sich im rauen Schulklima durchsetzen? Und so weiter. Seine Zeugnisse sind buchstäblich gepflastert mit meinen Sorgen. Kürzlich saßen wir in der Aula der Universität Basel und sahen zu, wie der Rektor ihm seinen Magistertitel überreichte. Wenn man nur im Voraus wissen würde, dass später einmal alles gut werden wird!

Die Frauenzeitschrift *Lydia* berichtete einmal von Anna. Ihr Leben verlief nicht so, wie sie es erwartet hatte. Mit zwanzig lernte sie ihren Liebsten kennen, und sie war sehr stolz, dass er bei den «Marines» arbeitete, einer amerikanischen Elitetruppe. Als sie ihm ihr Ja-Wort gab, fand sie es spannend, in fremden Ländern zu wohnen und rund um die Welt zu reisen. Doch schon nach zwei Jahren fühlte sie sich enttäuscht. Ihr Mann war ständig weg, und sie blieb jeweils einsam auf dem Stützpunkt zurück. Fortwährend musste sie wieder ihre Sachen packen und alle neuen Freundinnen zurücklassen. Verzweifelt schieb sie ihrer Mutter, sie halte das nicht mehr lange aus. Diese antwortete ihr auf ihre Klagen mit einem Fax, auf dem nur zwei Sätze standen:

«Zwei Frauen blickten durch ein Gefängnisgitter. Die eine sah den Rost, die andere sah die Sterne.»

Ob die Tochter wohl die Weisheit ihrer Mutter umsetzen konnte? Sehen wir auch manchmal nur das Gitter unserer Sorgen und lassen die Sterne in unserem Leben verblassen?

Diese positiven Augen kann man für jede Situation antrainieren. Eine Frau beschrieb in einem Leserbrief, wie sie einen «zweiten Blick» entdeckt hatte: «Wegen eines Rückenleidens musste ich in den letzten Wochen viel liegen. Auf den ersten Blick viel vertane Zeit! Doch konnte ich nicht einen ›zweiten Blick‹, einen neuen, unüblichen, darauf werfen? Vorher war ich etwas bitter. Aber ich kämpfte mit und ohne Stoßgebete dagegen an und spürte allmählich die fernen Ansätze: Die neuen, kleinen Dosen des zweiten Blickes wurden bekömmlicher. Ich empfand sogar ein Verlangen nach mehr. In meinem Ruhezimmer fühlte ich mich wohl, fast glücklich. Eine unsichtbare Geborgenheit begann den stillen Raum zu füllen, in dem ich lag. Und allmählich entdeckte ich den Sinn der vibrierenden Stille und ihre Möglichkeiten: Lesen und Sichten lange beiseite gelegter Artikel und Bücher, Vortragskassetten hören, Gespräche mit Besucherinnen am Bett, längere Seelsorgetelefonate ...» Auch diese Frau wechselte ihre Blickrichtung. Sie blieb mit ihren Gedanken nicht an der Zimmerdecke hängen, sondern entdeckte, dass ihr die Zwangsruhe eine neue innere Fülle öffnen konnte.

Kürzlich lernte ich noch eine Frau kennen, die mit weit offenen, positiven Augen durchs Leben geht. Frau Merz war eine begabte Malerin. Durch ein Augenleiden nahm ihre Sehkraft immer mehr ab, und trotz einer Augenoperation war es mit dem Malen endgültig vorbei. Das erzählte sie mir erstaunlich gelassen. «Wissen Sie», meinte sie, «irgendwie war das trotz allem gut. Ich habe mich früher nur um meine Kunst gedreht und kaum Zeit für andere Menschen gefunden. Durch mein Leiden hat sich mein Leben verändert. Ich treffe mich viel öfter mit anderen Menschen, ich höre Musik und singe in einem Chor mit. Das Malen war eine sehr schöne Begabung, aber heute bin ich zufriedener als damals.»

Vor einiger Zeit fuhren mein Mann und ich für ein Wochenende in die Berge. Auf der Hinfahrt schneite es leicht, die Straßen waren vereist und es wurde früh dunkel. Müde erreichten wir endlich den Kurort und suchten unser Hotel im oberen Teil des Dorfes. Wir waren befremdet, wie schlecht geräumt die schmale Straße war, die zwischen hohen Schneewänden in die Höhe führte. Unter Aufbietung all unserer Fahrkünste erreichten wir das Hotel und fragten an der Rezeption nach der Tiefgarage. Die Empfangsdame blickte uns mit großen Augen fassungslos an: «Aber die Straße ist doch im Winter immer gesperrt, wissen Sie denn das nicht? Sie müssen gleich wieder zurück ins Dorf und dann mit der Seilbahn hochkommen», wies sie uns resolut an. Unsere Begeisterung hielt sich bei diesem Vorschlag deutlich in Grenzen! Später saßen wir müde und ärgerlich im Speisesaal. Die nette Bedienung betrachtete uns aufmunternd und meinte: «Entspannen Sie sich, Sie sind doch im Urlaub!» Seither begleitet uns dieser Ausspruch als geflügeltes Wort und hat schon so manche Stresssituation gemildert. Entspannen wir uns, es gibt doch (fast) immer einen Grund zum Lächeln!

Fürsorge oder Sorge?

Als Frauen sind wir ja so fürsorglich. Aber werden nicht allzu oft aus unserer gut gemeinten Fürsorge bedrückende und belastende Sorgen? Sie liegen uns im Magen wie Blei, und wir tragen sie herum wie schwere Steine. Dabei dürften wir diese Sorgen-Steine wegwerfen. Stück für Stück. Tag für Tag. In der Bibel finden wir in einem einzigen kurzen Satz das Wesentliche über den Umgang mit Sorgen zusammengefasst: «Alle eure Sorge werft auf ihn; denn er sorgt für euch» (1. Petrus 5,7; Luther).

Dieses Wegwerfen ist nicht immer einfach. Es ist, als wenn die Sorgen mit einem starken Klebstoff geradezu an uns haften würden.

Bis zu einem gewissen Grad können wir unsere Gedanken selbst füllen. Manchmal hilft es, wenn man den beängstigenden Gedanken zu Ende denkt. Was würden Sie machen, wenn Ihr Mann stürbe? Haben Sie die finanzielle Seite geregelt, beispielsweise mit einem Ehevertrag? Sind Sie informiert über Versicherungen, Steuern usw.? Würden Sie wieder in den Beruf einsteigen? Wie würden Sie eine finanzielle Einbuße verkraften? Könnten Sie nicht auch mit weniger auskommen? Konzentrieren Sie sich in Ihrer Vorstellung also nicht auf die schlimme Situation, sondern darauf, wie Sie diese meistern würden. Damit legen Sie den Schwerpunkt auf Ihre Stärken und schieben dem Ohnmachtsgefühl gleich mal einen Riegel vor.

- *Was genau bedrückt Sie?*
- *Was fürchten Sie?*
- *Was könnten Sie tun, wenn die schlimme Lage eintreffen würde?*
- *Wie haben Sie Gottes Fürsorge schon erlebt?*

Nur schon das Aussprechen oder Aufschreiben unserer Antworten auf die obigen Fragen, etwa in einem Tagebuch, nimmt der Sorge einen Teil ihrer Macht.

Dadurch werden wir frei, um Wege zur Lösung des Problems zu suchen. Dabei merken wir, dass wir gar nicht so ohnmächtig und hilflos sind, wie es uns manchmal erscheint. In uns schlummern Fähigkeiten und Kräfte, die wir vielleicht noch gar nicht kennen oder die von den sorgenvollen Gedanken überdeckt werden. Stellen Sie deshalb als zweiten Schritt eine Liste mit allen denkbaren Lösungsmöglichkeiten zusammen. Erstaunlich, was da zusammenkommen kann.

Und dann dürfen wir Gottes Verheißungen statt der Sorgensteine in unseren Lebensrucksack packen. Gott sorgt für uns – auch wenn wir es uns heute noch nicht vorstellen können, wie seine Hilfe aussehen wird.

Genieße den Tag

Jesus empfiehlt uns einen erstaunlich sorglosen Lebensstil. Wohl mit einem humorvollen Blitzen in den Augen stellt er seinen Jüngern die Sperlinge als großes Vorbild hin. Was können wir von diesen munteren kleinen Vögeln lernen, die eifrig jene Brosamen aufpicken, die andere wegwerfen? Die Vögel leben nur im Augenblick. Sie planen nicht im Voraus, sie ängstigen sich nicht um die Zukunft, ja sie sammeln nicht einmal Vorräte. Trotzdem verhungern sie nicht. Und das soll unser Vorbild sein?

Gott hat die Erde so geschaffen, dass immer irgendwo Nahrung für die Sperlinge bereitsteht. Und so fordert Jesus seine Jünger heraus: «Seht euch die Vögel an! Sie säen nichts, sie ernten nichts und sammeln auch keine Vorräte. Euer Vater im Himmel versorgt sie. Meint ihr nicht, dass ihr ihm viel wichtiger seid? Und wenn ihr euch noch so viel sorgt, könnt ihr doch euer Leben um keinen Augenblick verlängern» (Matthäus 6,26–27).

Die Botschaft ist deutlich: Mit Sorgen können wir überhaupt nichts verändern. Letztlich kommt es, wie es kommen muss. Wir haben immer nur die Gegenwart, die wir gestalten können. Warum sich also zu viele Gedanken um die Zukunft machen?

Besonders bei älteren Menschen beobachte ich, dass sie sich zunehmend Sorgen machen und dass die komplexer werdende Umwelt sie ängstigt. Sie spüren, dass ihre Kräfte nicht mehr ausreichen, um etwas zu verändern oder auch nur entfernt zu verstehen, was da vor sich geht. Damals in der Jugend war alles so viel einfacher und besser!

Jesus gibt uns einen wertvollen Rat: Jeder Tag hat seine eigenen Belastungen und auch Freuden. Letztlich brauchen wir nur so viel Kraft, wie wir für diesen einen Tag benötigen. Unser himmlischer Vater wird uns alles Notwendige dazu geben.

Angst ist eine schlechte Ratgeberin, denn sie redet uns ein, dass wir ohnmächtig und hilflos sind. Wenn wir diesen Gedanken Raum geben, vergessen wir schnell, dass auch große Kräfte in uns schlummern. Bei Hausfrauen beobachte ich oft, dass sie in ein Gefühl der Abhängigkeit geraten, weil sie ja von ihrem Ehemann versorgt werden. Dieser wird dann zum Garanten für Sicherheit und Glück, und man traut sich nicht mehr zu, dass man das Leben auch selbst meistern könnte. Vergessen Sie also Ihre eigenen Stärken nicht. Was haben Sie für einen Beruf gelernt? Wie haben Sie schwierige Situationen, etwa Prüfungen oder Differenzen am Arbeitsplatz, gemeistert? Wie schaffen Sie den täglichen Kleinkram in Ihrer Familie? Ihre Kreativität, Ihr Geschick im Umgang mit anderen Menschen und Ihre Begabungen werden Sie durch alle Lebenslagen begleiten. Gott hat Ihnen genau so viel Lebenskraft geschenkt, wie Sie brauchen werden.

Die Fahrkarte kommt im richtigen Augenblick

Meistens kriegen wir die notwendige Kraft erst, wenn wir sie brauchen. Die damals noch junge Holländerin Corrie ten Boom versteckte während des Zweiten Weltkriegs, als die Niederlande von Deutschen besetzt waren, regelmäßig verfolgte Juden in ihrem Haus. Das junge Mädchen wusste sehr genau, dass dies die Deportation in ein KZ bedeuten konnte. Einmal klagte sie ihrem Vater ihre Angst vor einer Verhaftung. «Corrie», fragte dieser einfühlsam, «wann kaufst du dir die Fahrkarte für eine Zugfahrt?» – «Natürlich kurz vor der Abreise», antwortete sie erstaunt. «Siehst du», meinte er bedächtig, «Gott wird dir die notwendige Kraft genau dann geben, wenn du sie brauchst.»

Corrie wurde der schwere Weg durch das KZ nicht erspart, doch sie durfte erfahren, dass die «notwendige Fahrkarte zum Durchhalten» immer rechtzeitig da war. Dies gilt auch für unsere Lebensreise: Wir wissen nicht, was hinter der nächsten Wegbiegung verborgen liegt. Doch Gottes Kraft wird uns stärken.

7

Starke Frauen leben ihre Weiblichkeit

Jesus begegnete vielen Menschen. Er diskutierte mit den Klugen und stritt mit den Rechthaberischen. Er kümmerte sich um die Ausgestoßenen und heilte die Kranken. Er segnete die Kinder – und er nahm die Anliegen der Sensiblen ernst. Jesus kannte und liebte die Menschen und verblüffte seine Jünger oftmals mit gänzlich unerwarteten Reaktionen. Auch eine überraschende Begegnung mit einer geheimnisvollen Frau endete völlig quer zu allen Erwartungen.

Ein Blick in eine neue Welt

Kurz nach seinem triumphalen Einzug in Jerusalem wurde Jesus von einem Mann namens Simon eingeladen, den er einmal von Lepra geheilt hatte. Die Stimmung war zuversichtlich, denn schließlich saß man mit dem «kommenden Mann» zusammen. Es gab genügend Grund zum Feiern, und das Festmahl war ein Genuss.

Doch plötzlich geschieht etwas Ungewöhnliches. Eine unbekannte Frau betritt den Saal. Das war eigenartig, denn in jener Zeit tafelten Männer und Frauen getrennt. Was will sie wohl in der geschlossenen Männergesellschaft?

Sie verliert keine Worte, sondern steuert direkt auf Jesus zu. In der Hand hält sie ein gläsernes Gefäß, in dem eine kostbare Flüssigkeit im sanften Licht der Öllampen funkelt. Vorsichtig bricht sie es vor Jesus auf und salbt sein Haupt mit einem duftenden Öl. Ein Wohlgeruch erfüllt die von Betroffenheit dominierte Stille.

Allzu schnell wird der kurze Moment der Andacht zerbrochen. Die Jünger regen sich auf: «Das Öl ist ein Vermögen wert! Man hätte es verkaufen und das Geld den Armen geben sollen. Das ist doch reine Verschwendung!»

Das war in der Tat ein vernünftiger Gedanke. Ein Vorrat von «Nardenöl» war damals mit einer Geldanlage vergleichbar. Eine Flasche kostete stolze 300 Silberlinge, was dem Jahresgehalt eines Hilfsarbeiters entsprach. Und das alles ist weg in einem rührseligen Augenblick. Nun steht die Frau mit leeren Händen da. Ihren kostbarsten Besitz hat sie für Jesus hingegeben. Für nichts?

Doch Jesus sieht das anders, denn er sieht auch mit dem Herzen gut. Er rügt seine Jünger und öffnet ihren Blick für eine ihnen unbekannte Welt. Wir lesen seine Worte im Bericht des Evangelisten Markus: «Lasst sie in Ruhe! Warum kränkt ihr sie? Sie hat etwas Gutes für mich getan. Arme, die eure Hilfe nötig haben, wird es immer geben. Ihnen könnt ihr jederzeit helfen. Ich dagegen bin nicht mehr lange bei euch. Diese Frau hat getan, was sie konnte. Mit diesem Salböl hat sie meinen Körper für mein Begräbnis vorbereitet.» Neben der effizienten Geschäftswelt öffnet uns Jesus den Blick in die ebenso wichtige Sphäre von Güte und Barmherzigkeit, Großmut und Hingabe.

Ich nehme an, dass die Frau ebenso geschockt war wie die murrenden Jünger. Sie hatte auf die Stimme ihres Herzens gehört und Jesus wider alle Vernunft mit ihrem kostbaren Öl geehrt. Dass sie ihn damit auf seinen Tod vorbereitete, lag wohl jenseits ihrer Vorstellung.

Jesus nahm diese Gabe an und sprach ihr eine Bedeutung zu, die weit über den Horizont der damals Anwesenden ging. So ist es wohl mit all unseren Aktivitäten: Wir setzen uns ein, doch Jesus schenkt zuletzt die Frucht. Diese liebevolle Hingabe muss für Jesus sehr wichtig gewesen sein. Nach der Ermahnung seiner Jünger setzt er noch einen drauf und schließt: «Überall in der Welt, wo Gottes rettende Botschaft verkündet wird, da wird man auch von dieser Frau sprechen und von dem, was sie getan hat!» (Siehe Markus 14,3–9.)

Jesus schenkte dieser unbedeutenden Frau, die nur für einen Moment aus dem Dunkel der Geschichte auftaucht, einen Ehrenplatz in der christlichen Geschichts-

schreibung. Ihr Hintergrund wird wohl nie ganz auf-
gedeckt werden, aber wir können das Geheimnis ihrer
Kraft erahnen und davon lernen.

Starke Frauen setzen ihre Empfindsamkeit für andere ein

Die Frau handelte wohl aus Intuition und einem inneren
Impuls heraus. Sie spürte, dass es richtig war, Jesus mit
ihrem kostbaren Öl zu salben – wider alle Vernunft.

Vielleicht konnte sie den schalen Duft des Verrats riechen, der trotz des triumphalen Einzugs in Jerusalem in
der Luft lag. Oder sie konnte den nahenden Tod ahnen
und spürte, dass Jesus dieses Zeichen absoluter Hingabe
brauchte. Oberflächlich gesehen war ihre Handlung unvernünftig. Doch auf der sogenannten Metaebene der Intuition, der Gefühle und der Beziehungen lag sie völlig
richtig und erkannte die wahre Lage viel klarer als die
ach so vernünftigen Jünger.

Sensible Menschen können genau auf dieser Ebene in
Familien und in der Geschäftswelt einen wichtigen Beitrag leisten. Eine Freundin von mir wurde einmal zu
einer wichtigen Besprechung in eine Großbank eingeladen, denn der Personalchef wollte für die Aufarbeitung
einer Konfliktsituation eine neutrale Beobachterin dabei-
haben. Dafür suchte er nicht eine ausgebildete Psycho-
login, sondern eine Frau mit Herz. Ihre Aufgabe war es,
die Teilnehmenden zu beobachten und Rückmeldungen
über die Atmosphäre und die Art der Gesprächsführung
zu geben. Sie sollte ihre Intuition spielen lassen und die

feinen Zwischentöne heraushören. Ihre sensible Ader wurde so zu einem wichtigen Stimmungsmesser.

> – *In welchen Situationen hat mir meine Intuition geholfen?*
> – *Wann ist die Feinfühligkeit eher eine Last?*

Empfindsame Menschen erfassen mehr als nur den oberflächlichen Schein und können ihren Finger auf die wunde Stelle legen. Sie haben vielleicht nicht die Kraft, um dann eine Lösung durchzusetzen, aber sie können offenlegen, wo man ansetzen muss.

Starke Frauen sehen mit dem Herzen

In unserer Welt gibt es Eigenschaften, die besonders geschätzt werden: Durchsetzungsvermögen, Intelligenz, Schönheit, Jugend. Die unbekannte Frau lässt andere, innere Schätze erahnen:

- den Mut, das Ungewöhnliche zu tun
- Großzügigkeit
- Güte
- Eigenständigkeit
- das Hören auf die innere Stimme

Allzu schnell sind wir versucht, nach dem zu schielen, was in der Welt der Reichen und Schönen zählt. Sensible Menschen handeln wohl eher aus einem Impuls heraus. Oft können sie nicht genau erklären, warum sie etwas spüren, und werden darum nicht ernst genommen.

Doch im Rückblick wird erkennbar, dass sie richtig lagen – wie die unbekannte Frau.

Lassen Sie sich nicht entmutigen, wenn Sie nicht in die vordersten Ränge des sogenannten Erfolgs vorstoßen. Bleiben Sie bei Ihren eigenen Stärken. Antoine de Saint-Exupéry hat diese Empfindsamkeit in der Figur des feinfühligen «Kleinen Prinzen» in eine geniale Kurzform gebracht: «Man sieht nur mit dem Herzen gut.»

Die große Empfänglichkeit für Stimmungslagen kann auch zur Last werden. Schon kleine Spannungen können als riesiger Konflikt gedeutet werden, eine tadelnde Bemerkung den Boden unter den Füßen wegziehen und ein kritischer Blick den Abend vermiesen. Nicht jede spontane Idee hat eine so tiefe Bedeutung wie jene dieser Frau, die Jesu Haupt salbte.

Lassen Sie sich davon nicht entmutigen. Trotz allem brauchen wir neben den Regeln der Vernunft den Sinn für das Zwischenmenschliche und das Verborgene.

Als feinfühliger Mensch sollte man sich seiner Verletzlichkeit bewusst sein. Halten Sie sich aus Konfliktsituationen heraus, wenn das möglich ist. Schützen Sie sich vor Situationen, bei denen Sie schon im Voraus wissen, dass sie Ihnen wehtun werden.

Starke Frauen beschränken sich auf das Wichtige

Was hätte man alles mit dem Geld anfangen können?! Kinder hätten unterstützt, Bettler genährt, Kranke geheilt werden können. Und diese Frau verschwendet ihren Reichtum in einer «unnützen» Geste der Liebe für Jesus?! …

Die Welt ist tatsächlich voll von Herausforderungen. Man könnte so vieles tun, denn die Not hat kein Ende. Sensible Menschen identifizieren sich mit dem Schmerz der andern, ja manchmal leiden sie sogar mehr unter der Ungerechtigkeit als jene, die davon betroffen sind. Tief innen schlummert der Wunsch, dass man am liebsten der ganzen Welt helfen oder wenigstens die ganze Familie vor Schmerz bewahren möchte. Dieser große Helferwille kann bei sensiblen Menschen zu einem Burn-out führen. Sie spüren die Not der andern zu deutlich, um sich abgrenzen zu können.

Wir wissen nicht, was die unbekannte Frau sonst noch alles Gutes getan hat. Jedenfalls setzte sie hier einen unübersehbaren Schwerpunkt und verschenkte ein Jahresgehalt.

Auch wir sind nicht die Retterinnen unserer «kleinen» Welt. Wir tun gut daran, wenn wir uns auf das Wichtige konzentrieren, da unsere Kräfte begrenzt sind. Niemand hat etwas davon, wenn wir zusammenbrechen. Hören Sie also auf Ihre innere Stimme und tun Sie nur das, von dem Sie wissen, dass genau *Sie* das tun sollten.

- *In welchem Bereich möchte ich mich ganz einsetzen?*
- *Wo setze ich mich selbst unter Druck, um etwas zu tun, das mir eigentlich zu viel ist?*

Starke Frauen sprechen die Sprache der Liebe

Liebe ist etwas Großartiges; sie ist verschwenderisch, manchmal gar unvernünftig, weder berechnend noch auf Dankbarkeit bedacht.

- Liebe verschenkt sich.
- Freiwillig.
- Bedingungslos.
- Furchtlos.

Die unbekannte Frau beherrschte diese Sprache der Liebe. Sie spürte: Dieser Mensch braucht genau das – in diesem Augenblick. Ganz egal, was die andern denken.

Wir Menschen sind oft gefangen von äußeren Formen und von dem, was sich geziemt. Allzu oft lassen wir uns leiten von dem, was die andern denken und was von uns verlangt werden könnte. Das Kreative, das Außergewöhnliche wird nur zu bald vom harten Alltag erdrückt.

Feinfühlige Menschen haben die Gabe zu spüren, was dran ist. Eine feste Umarmung, ein Kartengruß mit dem richtigen einfühlsamen Gedanken, eine ermutigende E-Mail oder vielleicht auch mal was Flippiges, «Außergewöhnliches». Ich staune immer wieder, was an Großartigem aus den Händen kreativer Frauen fließt. Phantasievolle Geschenke aus den unterschiedlichsten Materialien wie Ton, Stoff, Karton. Liebevoll gestaltete Einladungen oder kreativ verpackte Geschenke. Lassen Sie Ihre spezielle Begabung nicht verkümmern, denn sie ist wie eine kostbare Blume und bringt das Leben zum Klingen.

Liebe bedeutet aber auch, dass man sich in den andern Menschen einfühlt. Es kann verletzend wirken, wenn man anderen das schenkt, was man selbst gern möchte, und nur über das spricht, was einem selbst auf dem Herzen liegt. Feinfühlige Menschen mögen ihre Fehler haben, aber sie sind besonders begabt, ihre Liebe so auszudrücken, dass sie die Bedürfnisse der andern erkennen und darauf eingehen.

Starke Frauen brauchen alle Sinne

Interessanterweise wird im biblischen Bericht kein einziges Wort dieser geheimnisvollen Frau erwähnt. Ihre Taten waren viel stärker als jedes gesprochene Wort, der Duft des Öls viel ausdrucksvoller als eine geschliffene Aussage.

Frauen sind besonders begabt beim Ausdruck ihrer Gefühle *ohne* Worte. Sie legen ihre Zuneigung ins phantasievolle Einpacken eines kleinen Geschenks, in die fein abgestimmte Gestaltung eines Raums, in den zarten Duft eines edlen Parfums. Sie tauchen ein ins kreative Gestalten ihrer Umgebung.

Rein wirtschaftlich betrachtet mag sich das nicht rentieren. Vielleicht kann man es sogar als Verschwendung von Geld oder Energie ansehen. Doch lässt uns die Geschichte dieser rätselhaften Frau erahnen, dass bei Gott auch diese andere Welt wertgeschätzt wird. Gott ist ja der Schöpfer aller Schönheit. Kreativität ist ein Ausleben jener schöpferischen Kraft, die Gott schon bei der Schöpfung (Kreation) in uns Menschen gelegt hat. Bei manchen fließt diese Gestaltungskraft in den Aufbau eines

Geschäfts, in ein politisches Amt oder ein blitzblank ge-
putztes Haus. Bei andern drückt sie sich im künstleri-
schen Gestalten aus, und wieder andere bereichern damit ihre Beziehungen. Glücklicherweise sind wir alle
unterschiedlich geschaffen. Doch wenn alle Begabungen
zusammenklingen, entsteht ein Meisterwerk.

- *Wo lasse ich meine Gestaltungskraft erklingen?*
- *Wo drücke ich mich ohne Worte aus?*
- *Mit welchem meiner Sinne kann ich mich
  besonders gut ausdrücken?*

Ich bin immer wieder beeindruckt von der starken Aus-
strahlung der großen Kathedralen Europas. Mitten im
bunten und lärmenden Treiben einer Großstadt bieten
sie einen Raum der Sammlung, der Ruhe und der Kon-
zentration auf das Wesentliche. Über Jahrzehnte hinweg
haben komplette Städte ihre ganze Kraft in den Bau dieser großartigen Kirchen gesteckt. Die begabtesten Archi-
tekten, die geschicktesten Steinmetze und die berühm-
testen Maler entfalteten ihr Talent zur Ehre Gottes. Sie
wussten damals wohl nicht, dass sie Denkmäler schufen,
die jahrhundertelang Gottes Botschaft in die pulsieren-
den Städte senden sollten. – Auch unsere von Stararchi-
tekten entworfenen «Bürotürme» senden eine Botschaft
aus. Was werden unsere Nachkommen wohl einmal
über unsere Werte sagen? Auch damals beim Kathedra-
lenbau hätte man sich fragen können, ob man das Geld
nicht besser für die Armen benutzt oder klug investiert
hätte. Doch die Menschen jener längst verflossenen Zeit
setzten ein Zeichen für die geistige Welt.

Starke Frauen pflegen ihre Weiblichkeit

«Man kommt nicht als Frau zur Welt, man wird es.» Mit diesem Satz schrieb die bekannte Feministin Simone de Beauvoir Frauengeschichte. Sie war eine Vertreterin jener Damen, die den Unterschied zwischen Mann und Frau wegdiskutieren wollten. Sie hoffte, damit die Gleichberechtigung beider Geschlechter vorantreiben zu können. Das Anliegen jener Feministinnen war wichtig, wenn man bedenkt, dass beispielsweise den Schweizer Frauen erst 1971 das Stimm- und Wahlrecht zuerkannt und erst 1981 die volle Gleichberechtigung von Frauen vor dem Gesetz erwirkt wurde. Auch vor Gott gibt es weder Mann noch Frau, weder Einheimische noch Fremde. Beide Geschlechter sind gleichwertig vor ihrem Schöpfer. Beide sollen einander dienen, wie Christus das vorgelebt hat, und dürfen ihre Begabung in Leitungsfunktionen einbringen.

Heute ist die Phase der Gleichmacherei jedoch vorbei, und beide Geschlechter sind auf der Suche nach ihrer Identität.

Unser Schöpfer hat Männer und Frauen mit einigen Unterschieden ausgestattet.

- Hormonhaushalt: Die Gefühlswelt der Frauen bewegt sich mit dem monatlichen Auf und Ab der Hormone, während die der Männer (relativ) stabil bleibt.
- Hirnbiologie: Männliche und weibliche Hirne arbeiten unterschiedlich. Männer trennen schärfer zwischen Gefühl und Sache, Frauen empfinden ganzheitlicher.

- Muskelkraft: Frauen besitzen durchschnittlich zwanzig Prozent weniger Muskelkraft als Männer.
- Schlaf: Frauen schlafen durchschnittlich zehn Prozent mehr als Männer.
- Sexualität: Männer werden eher durch ihre Augen erregt, Frauen mehr durch Berührung. Versöhnung geschieht für den Mann durch den Geschlechtsakt, während Frauen den Streit im Gespräch verarbeiten möchten und erst nachher bereit für die körperliche Liebe sind.

Vor allem die hormonellen Unterschiede führen wohl dazu, dass Frauen empfindsamer sind als Männer. Wir tun gut daran, wenn wir uns im Rahmen unserer Begabungen entfalten. So macht es Sinn, wenn im Haushalt die schwere Arbeit von Männern erledigt wird und wenn auf dem Bau vor allem Männer arbeiten. Frauen sind Weltmeisterinnen in der Pflege von Beziehungen. Deshalb erstaunt es nicht, dass in den sogenannten Frauenberufen, wie zum Beispiel in der Krankenpflege oder in den Lehrberufen, Menschen und nicht Dinge im Mittelpunkt stehen. Wir dürfen also hundertprozentig Frau sein und die besonderen fraulichen Gaben zum Klingen bringen.

- Starke Frauen sind keine Nachahmung von Männern.
- Starke Frauen finden ein Ja zu ihrer Weiblichkeit.
- Starke Frauen machen aus ihrer Empfindsamkeit eine Tugend.

Die Welt wäre ärmer und kälter ohne uns. Das Gemüthafte, die Intuition, das Gefühlsmäßige, das Gebende würden entscheidend fehlen. Wir dürfen unsere Weiblichkeit leben und das mit Freude weitergeben, was Gott uns geschenkt hat.

Eine Lehrerin wird eine Klasse anders führen als ihr Kollege, eine Krankenschwester wird die Patienten eher ganzheitlich erfassen als der Pfleger usw. Als Präsidentin eines großen Hilfswerks sind mir beispielsweise die zwischenmenschlichen Beziehungen wichtig, und ich fördere es, dass neben dem Abarbeiten der Traktandenlisten auch der persönliche Kontakt gepflegt wird. Natürlich müssen wir Frauen uns an die Regeln der Geschäftswelt anpassen. Dort erreicht man mit einem Tränenausbruch herzlich wenig, und auch andere Gefühlsausbrüche tragen nicht wirklich zur Stärkung der Autorität bei.

Wenn das Leben erklingt

Mit der Einreihung der unbekannten Frau in die Ehrengalerie der Glaubensheldinnen und Glaubenshelden setzte Jesus einen neuen Maßstab. Für ihn galt nicht das allseits erwünschte «christliche Persönlichkeitsprofil», das Eigenschaften erwartet wie Leistung, Ausgeglichenheit, Anpassung und absolute Berechenbarkeit. Natürlich sind dies alles wichtige Dinge. Aber in seinem Reich gibt es noch viel mehr. Mit dem Lob auf diese Frau setzt Jesus einen Gegenpol. In seinem Reich ist Platz für die feinen Töne, für das Ungewöhnliche und Spezielle. Er lässt ganz neue, nachahmenswerte Eigenschaften aufleuchten: das Gespür für das Richtige, Hingabe, Großzügigkeit, Güte, Mut zum Ungewöhnlichen.

Die Summe aller dieser Merkmale ergibt erst das vollkommene Ganze.

Schielen wir also nicht auf das, was der andere hat oder tut. Jeder und jede hat genug. Wichtig ist, dass wir das einbringen, was wir haben. Es stellen sich uns die folgenden Fragen:

- *Welches ist meine «Flasche Parfüm», die ich verschenken kann?*
- *Welches ist mein einzigartiger Beitrag, den ich in die Gemeinschaft einbringen kann?*

Jesus fordert nicht von jedem Menschen dasselbe. Wir müssen nicht unsere ganzen Beauty-Artikel verschenken. Doch auch uns stellt sich täglich die Frage, wo wir Schwerpunkte setzen und wie wir uns einbringen. Mit dem Zusammenspiel aller Begabungen in einem Team, einer Familie, einer Gemeinde entsteht eine wohlklingende Melodie. Letztlich ist es nicht wichtig, wer die Erste oder Zweite Geige spielt. Im Einbringen meiner Begabung und dem Zusammenspiel mit den anderen entsteht ein wohlklingendes Meisterwerk.